DUMONT

Die beste Herrenunterwäsche oder die feinsten Handschuhe, Kaviar, Hummer oder Wodka, Armbanduhren, Redenschreiber oder Hüte: Alexander Marguiers Luxuslexikon sagt, was wirklich luxuriös ist. Er plädiert amüsant, kenntnisreich und absolut stilsicher für ein verfeinertes Leben und einen emanzipierten Konsumenten mit Sinn fürs Exquisite. Dabei ist sein spielerischer Leitfaden durch die Welt der Waren geprägt von der Hochachtung vor dem handwerklich vollendeten Produkt, ob es sich nun um eine Jeans, eine Schokolade oder eine Jacht handelt. Alexander Marguiers geistreiches Lexikon trennt in Sachen Konsumgüter die Spreu vom Weizen und bietet das ultimative Luxusartikel-Ranking.

Alexander Marguier, geboren 1969, lebt in Berlin. Er arbeitete für die F.A.Z. und als Politikredakteur der Welt am Sonntag. Während der letzten neun Jahre verantwortete er das Gesellschafts-Ressort der Frankfurter Allgemeinen Sonntagszeitung, seit Juli 2010 ist er stellvertretender Chefredakteur des Magazins Cicero. Im DuMont Buchverlag erschien zuletzt ›Das Lexikon der Gefahren‹ (2010).

Alexander Marguier

Das Luxuslexikon

Das Beste, was für Geld zu haben ist

Für Nina

Aktualisierte und überarbeitete Ausgabe
Februar 2011
DuMont Buchverlag, Köln
Alle Rechte vorbehalten
© 2007 DuMont Literatur und Kunst Verlag, Köln
Umschlag: Zero, München
Umschlagabbildung: FinePic®, München
Gesetzt aus der Corporate
Druck und Verarbeitung: CPI – Clausen & Bosse. Leck
Gedruckt auf säurefreiem und chlorfrei gebleichtem Papier
Printed in Germany
ISBN 978-3-8321-6157-6

www.dumont-buchverlag.de

Inhalt

Vorwort

In Paul Gallicos heiterer Erzählung »Ein Kleid von Dior« verwendet die liebenswerte Londoner Reinmachefrau Mrs. Ada Harris ihren ganzen Ehrgeiz darauf, in den Besitz einer Robe des legendären Pariser Modeschöpfers zu kommen. Ob es überhaupt Anlässe gibt, bei denen sie diese auch tragen könnte, das spielt eigentlich gar keine große Rolle: Mrs. Harris ist einfach fasziniert vom großen Namen Christian Diors, der für sie gleichbedeutend ist mit weltläufiger Eleganz, mit hochwertigen Stoffen, mit französischem Savoir-vivre, mit gesellschaftlichem Glanz. Anders gesagt: Ein Kleid von Dior, das ist nichts anderes als der pure Luxus – der Traum von einer Welt der höchsten Verfeinerung. Nun könnte man fragen, warum eine britische Reinigungskraft ihr weniges Geld ausgerechnet für solch ein teures Kleidungsstück ausgeben möchte, wo es doch gewiss viel sinnvollere Verwendung gäbe. Aber wer diese Frage stellt, der hat vom Wesen des Luxus nicht viel verstanden. Denn Luxus bedeutet, nach etwas Höherem zu streben, die bedrückend eintönigen Ebenen des Massenkonsums hinter sich zu lassen, der Banalität den Rücken zu kehren. Insofern ist die Sehnsucht nach Luxus sogar ein höchst zivilisatorischer Akt: Wie sähe unsere abendländische Kultur wohl aus, wenn die Menschen sich immer nur mit dem Notwendigen, dem Praktischen und mit der bequemsten Lösung zufriedengegeben hätten? Dass gerade eine vermeintlich einfache Frau wie Mrs. Ada Harris keine Mühen scheut, um ihren sehnlichsten Wunsch Wirklichkeit werden zu lassen, ist keineswegs lächerlich oder gar moralisch verwerflich – sondern verdient im Gegenteil höchste Bewunderung.

Luxus, so definiert es der große Gelehrte Werner Sombart, sei »jeder Aufwand, der über das Notwendige hinausgeht«. Und unterscheidet im nächsten Schritt zwischen quantitativem Luxus, »der gleichbedeutend ist mit Vergeudung von Gütern«, wenn man etwa »drei Schwefelhölzer auf einmal ansteckt, um sich eine Zigarre anzuzünden«, und qualitativem Luxus, mit dem er »alle Zurichtung der Güter« im Sinne einer Verfeinerung meint, »die für die notwendige Zweckerfüllung überflüssig ist«. Von kulturellem Interesse ist natürlich nur die letzte Variante, denn reine Verschwendung um ihrer selbst willen erscheint uns sogar in höchstem Maße primitiv und auf abstoßende Weise dekadent – man denke nur an die groteske Schuhsammlung der Imelda Marcos oder an manche afrikanische Potentaten mit ihren privaten Fuhrparks voll unbenutzter Edelkarossen. Der wahre Luxus dagegen ist ein Fest für die Sinne, eine Freude für Auge, Ohr, Nase, Gaumen oder für die tastende Hand. Sombart zufolge ist denn auch die Erotik eine nahe Verwandte, wenn nicht sogar die Schwester des Luxus: Er ist zutiefst überzeugt davon, dass »überall dort, wo Reichtum sich entwickelt und wo das Liebesleben naturgemäß und frei (oder frech) sich gestaltet, auch Luxus herrschen« wird.

So wie die Freiheit an vielen Orten dieser Welt bis heute leider immer noch ein Luxus ist, den nur eine Schicht von Privilegierten genießt, steht umgekehrt in der Demokratie das Wort »Luxus« für die Freiheit, vom Recht auf Vielfalt und Verschiedenartigkeit Gebrauch zu machen. Nichts ist trister als eine Diktatur, die den Bürgern glaubt vorschreiben zu müssen, was diese zum Leben benötigen: Der Kommunismus hat es bewiesen. Aber auch falsch verstandener Luxus entwickelt mitunter diktatorische Züge. Nämlich dann, wenn die Menschen sich ihm zum Sklaven machen. Man braucht nur einmal die Prachtstraßen von Paris, London, Rom oder auch nur von Düsseldorf entlangzuschlendern und mit den Einkaufstüten der großen Luxusmarken behängte, hektisch von einer Nobel-Boutique zur nächsten hastende Touristinnen zu beobachten, um zu wissen, was gemeint ist. Mit Markenprodukten glauben sie umstandslos etwas kaufen zu können, das es für Geld in Wahrheit gar nicht gibt. Nämlich Stil. Stil jedoch ist die Voraussetzung jeglichen Luxusbewusstseins – weshalb jene millionenteure goldene Kloschüssel, die ein reicher Hongkong-Chinese vor einiger Zeit voller Stolz der Öffentlichkeit präsentierte, auch nicht als luxuriös gelten kann, sondern einfach nur als kindisch, albern und peinlich. Wenn Luxus im wohlverstandenen Sinne aber Verfeinerung bedeutet, dann muss man die Feinheiten schon kennen, um sie wertschätzen zu können. Dieses Buch soll eine kleine Hilfe dabei sein.

Der Anzug

Es gibt Männer, die kaufen sich einmal im Jahr einen Anzug bei »Peek & Cloppenburg« und sind damit glücklich. Dagegen ist überhaupt nichts einzuwenden. Andere lassen sich während der Zwischenlandung in Hongkong oder in Singapur auf die Schnelle einen Anzug schneidern und wundern sich hinterher, dass er nicht sitzt. Das ist Geldverschwendung. Praktisch veranlagte Naturen kaufen sich zum Vorstellungsgespräch ihren ersten Anzug und tragen hinterher nur noch Jeans – wie langweilig. Und dann gibt es Menschen, die sich irgendwann den vermeintlichen Luxus eines echten Maßanzugs leisten – und sich schon bald fragen, wie sie je in einem Anzug von der Stange auf die Straße gehen konnten. Das nennt man Evolution. Willkommen im Club!

Ist denn der Unterschied wirklich so groß? Sagen wir es so: Er ist ungefähr so groß wie zwischen einer Zwangsjacke und einem Frottee-Strampler. »Wenn man einen Anzug trägt, weist man auf die Welt hin, der man sich zugehörig fühlt. Warum? Weil man ein Kleidungsstück trägt, für den Herrn gemacht, das sich in einer langen historischen Entwicklung seit 1670 formte; behutsam wurde es geändert, um dem Wandel von der aristokratischen zur demokratischen Herrschaft zu entsprechen. Dieses Kleidungsstück ermöglicht es dem Mann, sich frei zu bewegen.«

13

So schrieb es Sir Hardy Amies, der 2003 verstorbene königlich-britische Hofschneider mit Sitz an der Savile Row. Dennoch verschmähen die meisten Herren diese Freiheit, weil sie sie nie kennengelernt haben, und begeben sich stattdessen in die lebenslange Gefangenschaft eines konfektionierten Anzugs.

Sollten wir denn tatsächlich die Fesseln der Ständegesellschaft abgeschüttelt haben, um uns ausgerechnet mit solchen Ritterrüstungen aus Stoff zu bekleiden? Das beginnt nämlich schon mit der Polsterung der Vorderseite, die fast immer geklebt ist (während der Maßschneider sie mit losen Stichen befestigt, damit sie sich dem Träger bei jeder Bewegung anpassen kann), und geht weiter mit den Armlöchern: Um möglichst vielen Figuren einigermaßen zu entsprechen, sind sie bei Konfektionsware grundsätzlich zu weit. Die Folge: Beim Setzen hebt sich das Jackett, weil es unter der Achsel keinen Widerstand findet. »Die Ohren bekommen Besuch«, lästern dann die Kenner. Ein Maßanzug dagegen umschmiegt den Körper nach drei bis vier Anproben wie eine zweite Haut, das Material fließt an seinem Mann geradezu ab und wirft auch am Rücken nicht jene horizontalen Falten, wie sie Sir Hardy sogar an New Yorks Fifth Avenue immer wieder ins Auge stachen: »Ein untrüglicher Hinweis, dass die Anzüge zu eng sind.« Tatsächlich kann schon ein falsch platziertes Knopfloch die Proportionen des Körpers entstellen.

Die japanische Bezeichnung für »Anzug« lautet »sebiro«, eine Ableitung von »Savile Row«. In der Tat ist Londons berühmte Schneiderstraße auf der ganzen Welt ein Synonym für britisches »bespoke tailoring«, für die hohe Kunst der Maßschneiderei. Ein wenig hat ihr Ruf in der jüngsten Vergangenheit allerdings gelitten, viele alteingesessene Ateliers ziehen wegen der hohen Grundstückspreise weg. »Anderson & Sheppard« etwa, einst eine der angesehensten Adressen an der Savile Row, residiert heute einen Block weiter an der Old Burlington Street. Im für seinen »soft look« bekannt gewordenen Haus lässt traditionell Prinz Charles anfertigen, andere Kunden waren Gary Cooper und Rudolph Valentino. Bei »Anderson & Sheppard« halten sich trotz des legendären Namens die Preise in halbwegs erträglichen Grenzen: Ein zweiteiliger Anzug ist von umgerechnet 3.300 Euro an zu haben, der Dreiteiler liegt bei rund 4.300 Euro.

An der Savile Row selbst betreibt »Henry Poole & Co.« das älteste Atelier: gegründet anno 1806, genießt es bis heute ein exzellentes Renommee. Die Schnitte sind eher unenglisch leger, also nicht ganz so steif und schwer wie etwa beim Ultra-Traditionalisten »Huntsman« in der Nachbarschaft, ebenfalls eine der teuersten Adressen an der Savile Row. In letzter Zeit war »Huntsman« ein wenig in Turbulenzen geraten, vieles wurde modernisiert, inzwischen bekommt man dort von umgerechnet 2.300 Euro an auch »Made to Measure«-Anzüge, bei denen nur die Abweichung vom Konfektionsschnitt ermittelt, der Kunde aber nicht mehr präzise ausgemessen wird. Berühmt ist »Huntsman« außerdem für seine Tweeds, für Jagd- und Reitbekleidung, die den typisch englischen Anzugstil eigentlich geprägt hat. »Gieves & Hawkes« hingegen verfügen zwar über eine lange Tradition in der Uniform-Schneiderei, aber deren Maßanzüge gehören nicht mehr zur allerersten Wahl. »Kilgour's«

wiederum, Savile Row Nr. 8, ist (abgesehen von echt modernen Design-Schneidern wie Ozwald Boateng) inzwischen das vom Schnitt und vom Image her modernste Atelier, ein dreiteiliger Anzug beginnt dort bei gut 4.500 Euro, »Made to Measure«-Ware bei 2.400 Euro.

Und auf wen fällt die Wahl? Taki Theodoracopulos, der bekannte Playboy und stilsichere Konservative, behauptet jedenfalls: »Für Anzüge gibt es übrigens bloß zwei Adressen: Caraceni und Anderson & Sheppard.« Leider vergaß Taki hinzuzufügen, welchen Caraceni er eigentlich meint, denn genau darin liegt die Crux: Mehrere Nachfahren Domenico Caracenis, des Urvaters aller italienischen Anzüge, betreiben unter diesem Namen in Rom und Mailand unterschiedliche Ateliers. In Expertenkreisen ist man sich allerdings weitgehend darin einig, dass »A. Caraceni« an der Via Fatebenefratelli Nr. 16 Primus inter Pares ist – dort lässt unter anderen die italienische Politik schneidern (Zweiteiler von 3.600 Euro an), wenn sie nicht bereits bei »Liverano & Liverano« in Florenz Kunde ist.

Grundsätzlich tun sich die Italiener leichter damit als die Briten, ihre klassischen Anzüge den Zeitläufen anzupassen, Ateliers wie das von Cesare Attolini in Neapel sind der Inbegriff für ein gelungenes Zusammenspiel zwischen Tradition und Moderne. Giorgio Armani ließ seine Kollegen an der Savile Row unlängst sogar wissen, sie seien zu einer Truppe schlechter Komödianten verkommen – und bot prompt eine eigene »Made to Measure«-Linie an. Die Preise für einen solchen Armani-Anzug liegen zwischen 2.000 und 17.000 Euro– je nach gewünschtem Stoff. »Loro Piana«, der Stoffhersteller aus Quarona Sesia, lässt es ebenfalls immer wieder mal medienwirksam krachen und führt seit einiger Zeit »Jahrgangsanzüge« im Programm: gefertigt aus dem »Rekordballen« der besten Merinowolle eines Jahres, etwa fünfzig Stück pro Saison (à 12.000 Euro).

Deutschland spielt in Sachen Maßschneiderei leider keine große Rolle, die meisten Ateliers werkeln wie vor fünfzig Jahren still und leise vor sich hin. Eine der wenigen rühmlichen Ausnahmen ist Tom Reimer in Hamburg mit seinem elegant-zeitgemäßen Stil; er stattet insbesondere die örtliche Werber-, Medien- und Kreativberufsszene mit Anzügen aus – der Zweiteiler ist von rund 2.800 Euro an zu haben. Der wahre hanseatische Aristokrat ordert seinen Anzug allerdings immer noch an der Savile Row. Irgendjemand muss der Straße ja schließlich auch in Zukunft die Treue halten.

Im Internet:
www.anderson-sheppard.co.uk
www.henrypoole.com
www.h-huntsman.com
www.gievesandhawkes.com
www.kilgour.eu
www.ozwaldboateng.co.uk
www.liverano.com
www.cesareattolini.it
www.loropiana.com
www.tomreimer.com

Die Armbanduhr

Als Klaus Kleinfeld im Januar 2005 zum Chef des Siemens-Konzerns berufen wurde, ließ er ein für die Presse bestimmtes Abbild seiner selbst schnell noch etwas nachbearbeiten: Eine Rolex »Submariner«, die ursprünglich gut sichtbar an Kleinfelds linkem Handgelenk gebaumelt hatte, war auf dem offiziellen Foto dank moderner Retouchiertechnik plötzlich verschwunden. Solch ein Teil kostet zwar keine 4.000 Euro, und hätte sich der neue Siemens-Boss wie etliche andere Wirtschaftsführer auch für die 21.500 Euro teure »Lange 1« von A. Lange und Söhne aus Glashütte entschieden, wäre wohl niemand auf die Idee gekommen, diese diskrete Uhr schamhaft unsichtbar zu machen. Rolex hingegen gilt immer noch als das Statussymbol schlechthin – ein beinahe protzig-aggressives Bekenntnis zum Besserverdienertum und mithin der Öffentlichkeit in einem von Wohlstandsneid geprägten Land wie der Bundesrepublik unzumutbar. Bevor es also irgendwann: »Mitarbeiter rausschmeißen, aber selber Rolex tragen« geheißen hätte, liest Klaus Kleinfeld die Zeit wahrscheinlich lieber an seinem Handy ab und geht zum Rolex-Tragen in den Keller.

Dabei sind sämtliche Kenner der Materie sich darin einig, dass eine handelsübliche Rolex kaum renommiertauglich ist. Die Produkte des Schweizer Herstellers sind zwar technisch einwandfrei und angesichts der herausragenden Qualität geradezu preiswert. Aber irgendwie gelten sie eben auch als Massenware – immerhin verkauft Rolex mehr Uhren als alle anderen Luxusmarken zusammen. Richtig punkten kann man da eigentlich nur noch mit Rolex-Raritäten wie dem einst von Auguste Piccard in einer Meerestiefe von 10 916 Metern erprobten Modell »Deep Sea«, das allenfalls hin und wieder bei Auktionen auftaucht, dann aber gleich mehrere hunderttausend Euro einbringt. Überhaupt haben wahre Uhren-Enthusiasten nichts übrig für Chronographen, die zur Schaufensterdekoration jedes besseren Juweliers gehören, und mögen sie noch so teuer sein: Geld auszugeben sollte ja nicht weniger mühsam sein, als es zu verdienen. Spannend wird das Spiel also erst durch strenge Rationierung – wie jeder weiß, der damals in der DDR Appetit auf eine Banane hatte. Die berühmte Rolex »Daytona« ist ein schönes Beispiel für die Reize künstlicher Verknappung, denn die Wartezeit beträgt bis zu sieben Jahre, ohne dass es einen triftigen Grund dafür gibt. Originellerweise gilt das aber ausgerechnet nur für die Version aus Stahl, Edelmetall-Varianten gibt es praktisch wie Sand am Meer. Der Legende nach kam es nämlich beim Hersteller der für die »Daytona« zugekauften Uhrwerke in den siebziger Jahren zu Lieferengpässen, sodass diese fast ausschließlich in die teuren Gold-Gehäuse eingebaut wurden. Von Kapazitätsproblemen kann natürlich längst keine Rede mehr sein, doch der Trick funktioniert noch immer: Für eine »Daytona« aus Stahl zum Listenpreis von 8.200 Euro braucht es kein Vermögen, sondern vor allem sehr viel Geduld.

Wer die nicht aufbringt, sich aber gleichwohl als distinktionsbewusstes Mitglied der Konsumgesellschaft zu erkennen geben will, tut das heutzutage in der Regel mit einer Patek Philippe. Die Uhren des Genfer Traditionshauses sind schlichtweg der Inbegriff an Exklusivität, Handwerkskunst und technischer Raffinesse, was sich allerdings auch schon weitgehend herumgesprochen hat: Inzwischen zeigen sich selbst Zuhälter von einem gewissen Niveau nicht mehr mit Pitbull-Terrier und Brillant-Rolex, sondern bevorzugen als Insignien einen guterzogenen Mops sowie eine schlichte »Calatrava« (die Ausführung in Gold mit Automatikwerk und Datumsanzeige kostet rund 17.600 Euro). Patek verdankt seinen Nimbus freilich nicht nur der meisterhaften Fabrikation, sondern ebenfalls der Tatsache, dass die mechanischen Werke tatsächlich aus eigener Manufaktur stammen. Dieses Reinrassigkeitsmerkmal ist seit einigen Jahren als Verkaufsargument immer wichtiger geworden, viele renommierte Marken kaufen das Innenleben ihrer Enderzeugnisse deshalb nicht mehr anderswo ein, sondern produzieren stattdessen selbst. Zumindest behaupten sie das – in Wahrheit wird ein fremdes Großserien-Werk jedoch oft nur ein wenig modifiziert und hinterher als eigene Schöpfung angepriesen. Zum Ansehen von Patek Philippe trägt nicht zuletzt seine Eigenständigkeit bei: Die Firma gehört nicht wie Breguet (Swatch), TAG Heuer, Zenith (beide LVMH), Jaeger-LeCoultre, Vacheron Constantin, IWC oder A. Lange und Söhne (allesamt Richemont) zum Portefeuille eines großen Luxuskonzerns. Wer sich einigermaßen auskennt, findet das nämlich uncool, insbesondere wenn edle Zeitmesser von Breguet um ein paar Ecken mit den billigen Plastikuhren von Swatch verwandt sind. Der Gipfel des Understatement sind allerdings auch für Patek-Liebhaber alte Modelle insbesondere aus den vierziger Jahren wie etwa die »1518«. Auf Auktionen sind solche Sammlerstücke immer mal wieder für weit mehr als 100.000 Euro zu haben. Überhaupt schlägt Patek bei Versteigerungen regelmäßig alle Rekorde, die zwanzig teuersten Armbanduhren der Welt stammen alle aus der Genfer Manufaktur. Im April 2002 fiel der Hammer für eine 1946er Weltzeit-Armbanduhr aus Platin erst bei vier Millionen Dollar.

Wer wiederum genug Selbstbewusstsein aufbringt, um auf große Markennamen zu verzichten, aber trotzdem richtig viel Geld ausgeben möchte, findet sein Glück bei edlen Kleinstmanufakturen wie Greubel Forsey aus dem schweizerischen Örtchen La Chaux-de-Fonds oder bei einem Uhrmacher wie Philippe Dufour aus Le Solliat, ebenfalls in der Schweiz. Die von Monsieur Dufour komplett selbst gebaute »Simplicity« beispielsweise ist ein Meisterwerk von schlichter Eleganz mit bloß zwei großen Zeigern und einer kleinen separaten Sekundenanzeige. Sie kostet auch nur um die 30.000 Euro und ist damit rund 200.000 Euro billiger als die Einstiegsmodelle von Greubel Forsey. Glück braucht es in jedem Fall, um an solche Uhren zu kommen, denn die Produktion beläuft sich auf zwanzig oder dreißig Exemplare im Jahr. Ob sich die Anschaffung auch als Wertanlage lohnt, wird sich wohl erst in fünfzig Jahren zeigen. In jedem Fall sollte man nie vergessen, dass man mit Armbanduhren ein kleines Vermögen machen kann – sofern man vorher ein großes angelegt hat.

Im Internet:
www.rolex.com
www.patek.com
www.alange-soehne.com
www.greubelforsey.ch
www.ahci.ch (für Philippe Dufour)

Die wichtigsten Auktionshäuser für Armbanduhren:
Antiquorum (www.antiquorum.com)
Dr. Crott (www.uhren-muser.de)
Phillips, de Pury & Company (www.phillipsdepury.com)

Der Auftragsredner

Jeder, der schon mal im trauten Kreise seiner Lieben den achtzigsten Geburtstag von Onkel Karl oder Tante Emmi gefeiert hat, kennt diesen Moment: Man sitzt fröhlich beisammen, der Alkohol lässt die familiären Bande für ein paar Stunden besonders eng und unverbrüchlich erscheinen, da greift plötzlich jemand zum kleinen Löffel und schlägt bedeutungsvoll dreimal gegen das vor ihm stehende Weinglas. Der gesamten Festgesellschaft stockt der Atem, denn das Signal bedeutet: Gleich wird ein dem Jubilar besonders nahestehender Verwandter eine kleine Ansprache halten. Leider dauern diese Ansprachen dann aber anstatt der angekündigten fünf Minuten doch eher eine Dreiviertelstunde und mäandern sich erfahrungsgemäß geschickt an jeder möglichen Pointe vorbei. Bestenfalls kann man hinterher froh darüber sein, dass sie nicht auch noch in Gedichtform vorgetragen wurden oder weitere peinliche Intimitäten enthielten.

Das muss nicht sein. Mit ein bisschen Geld und gutem Willen kann jede Familienfeier, jedes Betriebsfest und jeder Podologen-Kongress von einem wahren Feuerwerk an bewegenden Einsichten, originellen Aperçus oder weltpolitischen Schnurren erleuchtet werden. Es braucht eben nur den richtigen Auftragsredner.

Natürlich kann man die Sache bescheiden angehen und beim örtlichen CDU-Kreisvorsitzenden anfragen, ob er für eine kleine Spende an die Partei nicht bereit wäre, vor dem versammelten Freundes- oder Kollegenkreis das kommunale Abfallentsorgungskonzept zu erläutern. Allerdings gebricht es auch solchen Vortragskünstlern regelmäßig am notwendigen Charisma und an der erforderlichen Weitsicht. Besser also etwas tiefer in die Tasche greifen und über eine Redner-Agentur ein echtes Schwergewicht engagieren – alte Schlachtrösser von der Kragenweite eines Henry Kissinger, eines Jimmy Carter oder eines Helmut Schmidt. Namen wie etwa diese stehen in der Kartei des New Yorker Büros »Harry Walker«, eines der Weltmarktführer in Sachen Vermittlung prominenter Redner. Die Themengebiete sind freilich je nach Referent relativ eng abgesteckt, die ehemaligen Weltenlenker dürften in ihren Ausführungen kaum auf die Firmen- oder Familiengeschichte ihrer Auftraggeber eingehen wollen (was der Dramaturgie des Abends nur nutzen kann). Ex-Bundeskanzler Gerhard Schröder beispielsweise, auch er bei »Harry Walker« unter Vertrag, spricht wahlweise über Multilateralismus, Führungsqualitäten oder auch über die auf der Welt herrschende Ungerechtigkeit, wofür er nach Auskunft der Agentur aufgrund seiner niederen Herkunft besonders qualifiziert sei. Schröders einstiger Stellvertreter Joschka Fischer hingegen redet lieber über den Nahen Osten, die Europäische Union und andere globale Probleme – allerdings nicht im Auftrag von »Harry Walker«, sondern des »Washington Speakers Bureau« (so viel Distanz zum einstigen Chef muss schon sein).

Im Vergleich zu amerikanischen Spitzenkräften halten sich die Preise für deutsche Ex-Weltpolitiker durchaus in überschaubaren Grenzen: Für den Auftritt eines Schröder oder Fischer werden wohl kaum mehr als 50.000 bis 70.000 Euro zuzüglich Spesen fällig sein, die Tarife sind übrigens fast immer verhandelbar. Bill Clinton (»I can feel your pain«), der Top-Verdiener unter den Auftragsrednern, muss dagegen deutlich teurer sein, immerhin kassierte er in den ersten Jahren nach seiner Präsidentschaft für 59 Vorträge rund um den Globus mehr als neun Millionen Dollar. Außerdem gilt Clinton als äußerst wählerisch, was die Anlässe seiner Auftritte angeht – um die Jahreshauptversammlung der Barmer Ersatzkasse dürfte er wohl auch bei höchsten Tarifen einen großen Bogen machen. Aber zum Glück haben wir ja noch die in solchen Dingen weitgehend schmerzfreie nationale Prominenz: Hans-Olaf Henkel, Bert Rürup oder Meinhard Miegel sind buchbar bei der Bergisch Gladbacher Agentur »Referendum«, und wer Spaß daran hat, kann sich auch gleich eine ganze Talkrunde à la Anne Will zusammencasten: Das dafür noch notwendige Personal, also Peer Steinbrück, Paul Kirchhof und Arnulf Baring, führt www.referenten.de aus Ralingen-Edingen im Programm. Die Preise sind durchaus vernünftig, mehr als 20.000 Euro ist für kaum eine deutsche Zelebrität pro Abend drin. Und mit etwas Verhandlungsgeschick gibt es Theo Waigel vielleicht noch gratis obendrauf.

Im Internet:
www.harrywalker.com
www.washingtonspeakers.com
www.referendum-events.de
www.referenten.de

Das Backgammon-Spiel

Die alten Ägypter hatten keine Angst vor dem Tod, denn dass es hinterher irgendwie weitergehen würde, davon waren sie ohnehin überzeugt. Sorge bereitete ihnen vielmehr die Frage, ob es im Jenseits womöglich sterbenslangweilig ist. Für diesen Fall gab man dem einbalsamierten Hochadel ein Senet-Spiel mit ins Grab, eine Art Urform des Backgammon, das im Römischen Reich später unter dem Namen »Ludens duodecim scriptorum« (Zwölf-Linien-Spiel) Furore machte: Nero soll während wilder Backgammon-Orgien bis zu 400.000 Sesterzen auf ein Endspiel gesetzt, Kaiser Commodus seinen Palast gar in ein regelrechtes Casino verwandelt haben. Mit dem Untergang des Römischen Reiches ging es allerdings auch mit diesem dekadenten Zeitvertreib abwärts – zumindest in Europa, wohin er erst durch die Kreuzfahrer aus dem Nahen Osten wieder eingeschleppt wurde.

Während der zwanziger Jahre des 20. Jahrhunderts eroberte Backgammon dann auch die feinen britischen und amerikanischen Herrenclubs, um in den Siebzigern durch die Mithilfe prominenter Spieler (daher ihre Bezeichnung als »Playboys«) wie Hugh Hefner oder Gunter Sachs zur bevorzugten Zockerei des Jetset zu avancieren. Zu verdanken ist dies mehr als allen anderen dem Prinzen Alexis Obolensky, auch »Vater des modernen Backgammon« genannt und Autor des Buchs »Backgammon – The Action Game«, einem Klassiker der praktischen Spiel-Literatur. Obolensky kam 1914 in St. Petersburg zur Welt, 1917 floh die Adelsfamilie vor der Revolution zunächst in die Türkei. Dort brachte ein Gärtner dem jungen Prinzen die Backgammon-Regeln bei – nicht ahnend, dass er damit den Grundstein für eine regelrechte Obsession legte. Jedenfalls propagierte Obolensky bis zu seinem Tod im Jahr 1986 das Spiel mit unermüdlicher Begeisterung und infizierte weite Teile der amerikanischen Society mit dem Backgammon-Virus. Außerdem organisierte der schillernde Lebemann 1964 auf den Bahamas das erste Backgammon-Turnier, woraus natürlich umgehend eine feste Institution wurde. Noch immer ist die jährliche Backgammon-Meisterschaft der Höhepunkt für die Spielerszene, allerdings wird sie seit 1979 nicht mehr auf den Bahamas ausgetragen, sondern im Grand Hotel von Monte Carlo.

Die passende Ausstattung besorgt sich der Profi üblicherweise bei Hector Saxe, jener Pariser Manufaktur mit der größten Auswahl an Backgammon-Spielen auf der ganzen Welt. Dass Hector Saxe im Spielerparadies Monaco gleich drei Vertriebspartner hat, in Deutschland aber nur einen einzigen, sagt über die Zielgruppe eigentlich schon alles. Auch mit den aus edlem Walnuss-, Rosen-, Olivenbaum- oder Eichenholz handgefertigten Boards von Antonios Neroulias aus Athen macht man jederzeit eine gute Partie. Bekannte Luxus-Labels führen ebenfalls Backgammon-Spiele im Programm: Hermès beispielsweise eine ausrollbare Reisevariante aus Stoff für 1.750 Euro. Der Gipfel an Spielkultur sind jedoch die nur auf Bestellung angefertigten

Backgammon-Bretter des Pariser Designhauses »Deuce«, an denen Bruce Willis schon genauso viel Freude hatte wie Bill Clinton. Ein schönes Deuce-Modell kostet zwischen 5.000 und 20.900 Euro – und hat den Vorteil, dass sein Eigentümer damit stets als einigermaßen solventer Spieler in Erscheinung treten kann.

Im Internet:
www.hector-saxe.com
www.backgammonhellas.com
www.hermes.com
www.baldessarini.com
www.deuce.fr

Die Bar

Was macht eine gute Bar aus? Dass die Getränke kalt sind und die Frauen gut aussehen. Sagte zumindest Victor Bergeron, besser bekannt unter seinem Künstlernamen »Trader Vic«. Und Trader Vic war ein Künstler, daran besteht überhaupt kein Zweifel, denn eine gute Bar ist nun mal ein Kunstwerk. So auch Bergerons Etablissement, das er anno 1932 mit einem Startkapital von 700 Dollar gegenüber dem Lebensmittelladen seines Vaters an der San Pablo Avenue im kalifornischen Oakland eröffnet hatte. »Hinky Dink's«, wie der Laden anfangs noch hieß, bevor er dann schließlich nach seinem einbeinigen Gründer benannt wurde, war aber nicht irgendein beliebiges »watering hole«, sondern verfolgte ein ganz spezielles Konzept. Im Falle des »Trader's Vic« also das bis heute in den diversen Ablegern dieser Bar zu besichtigende polynesisch inspirierte Ambiente mit einer Auswahl von Drinks, die den Südpazifik gleich hinter dem Tresen anbranden lassen – wenigstens nach dem dritten »Mai Tai«.

Womit wir auch schon beim nächsten Kriterium wären, das eine vernünftige Bar von einer seelenlosen Ausgabestelle für alkoholische Mischgetränke aller Art unterscheidet: das Konzept. Genauso, wie man von einem Künstler die Hinwendung zu einem bestimmten Sujet erwartet, sollten in einer Bar mixologische Schwerpunkte gesetzt werden. Die unambitionierte Hotelbar mit einem willkürlichen Angebot an Drinks aus aller Welt und leise vor sich hinplätschernder Hintergrundmusik aus der Abteilung »Fahrstuhl-Klassiker« verkörpert da eher den Postkartenmaler. »Konzept« bezieht sich also weniger auf Fragen der Inneneinrichtung, wenngleich auch hier böse Ausrutscher möglich sind, sondern zuerst auf die Getränkekarte: klassisch oder modern, tropisch oder kontinental, Rum oder Whisky? Ein leidenschaftlicher Barbetreiber hat seine Vorlieben, und ein Gast kann nur davon profitieren, indem er sie sich zu Eigen macht – oder sich konsequent dagegen entscheidet. Kein Gourmet würde je ein Restaurant betreten, das mit »internationaler Küche« für sich wirbt, und warum eigentlich sollten für eine Bar andere Maßstäbe gelten? Es existiert sogar noch eine weitere Parallele zwischen guter Küche und guten Cocktails: Ohne hervorragende Grundprodukte entsteht kein überzeugendes Ergebnis. Will sagen: Ein Barkeeper, der sein Handwerk versteht, verwendet nur erstklassige Spirituosen und lenkt seine Kundschaft nicht mit obstsalatartigen Garnituren davon ab, dass sich im Glas lediglich eine Mixtur aus billigem Fusel und Fruchtsäften aus der Tüte befindet.

Aber noch mal zurück zu den schönen Frauen und den kalten Getränken: Beides hat auch technische Voraussetzungen. Etwa in Form eines speziellen Eisfachs, das Minustemperaturen von zumindest 18 Grad erreicht, wie es für die meisten klassischen Drinks erforderlich ist. Wie schön wiederum eine Frau ist, das hängt doch manchmal auch sehr davon ab, in welches

Licht man sie setzt. Eine grelle Beleuchtung ist jedenfalls selten schmeichelhaft, nur unprofessionell geführte Lokale leisten sich Hundert-Watt-Lampen.

Und der Barkeeper? Kennt jeden Handgriff, jedes Rezept und jeden Stammgast beim Namen. Arbeitet zügig, aber ohne jede Hektik. Weiß zu jeder Stimmungslage den richtigen Drink. Mischt seine Cocktails, aber nicht sich selbst in die Gespräche ein – außer man bittet ihn darum. Wer Sorgen hat, kann mit Diskretion und einer beruhigenden Weisheit rechnen. Radikale Ratschläge sind aus des Keepers Munde ohnehin tabu, denn wer in der Bar sitzt, will sein Leben nicht von Grund auf ändern. Zumindest nicht in diesem Moment. Den Gast dürstet es vielmehr nach einem kühlen Drink und etwas unbeschwertem Wohlbehagen. Gewarnt sei deshalb übrigens vor Lokalen mit so genannter »Happy Hour«: Wer eine Bar betritt, hat stets das Anrecht auf eine glückliche Zeit. Und nicht nur zu einer bestimmten Stunde am späten Nachmittag.

Ob »Schuman's« in München oder »Harry's« in Venedig – die legendären Bars dieser Welt kennt jeder. Deshalb hier eine Auswahl an Lokalitäten, die nicht in allen Reiseführern stehen, aber dennoch Maßstäbe setzen.

»Milk & Honey«, 134 Eldridge Street, New York: Hier ist alles auf das Wesentliche reduziert, die Drinks gelten als die besten der Stadt, sogar die Eiswürfel werden aus Evian-Wasser gemacht. Prominenz ist ausdrücklich unerwünscht, weil das nur Gaffer anziehen würde, die jegliche Atmosphäre zerstören.

Pierce Brosnan und Quentin Tarantino wurde deshalb schon der Zutritt verwehrt.

»Pegu Club«, 77 W. Houston Street, New York: Der Inbegriff der klassischen Bar, amerikanische Cocktails in Reinkultur. Besitzerin Audrey Saunders ist die Königin der New Yorker Bar-Szene.

»Zeta Bar«, 488 George Street (4. Stock im Hilton), Sydney: Das Flaggschiff der so genannten »Molecular Mixology«. Aus Drinks macht man an diesem Ort eine wahre Wissenschaft, spielt mit Temperaturen und Konsistenzen. Cocktails werden als Schäume serviert, Blutorangen kommen mitunter zuerst auf den Grill. Von der Terrasse ein fantastischer Blick auf die Skyline.

»Trailer Happiness«, 177 Portobello Road, London: Die moderne Interpretation einer Tiki-Bar mit Südsee-Atmosphäre. Exzellente Rum-Cocktails. Trotz gelegentlicher Notting-Hill-Prominenz herrscht eine angenehm entspannte Atmosphäre.

»Lab«, 12 Old Crompton Street, London: Inspirationsquelle für etliche Londoner Barkeeper. Moderne Drinks, hervorragender Service.

»Bar Italia«, Mariahilfer Straße 19–21, Wien: Die Cocktails sind wahre Explosionen von Aromen. Liköre und Sirupe stammen aus eigener Produktion.

»Widder Bar«, Widdergasse 6, Zürich: Hier gibt es die vielleicht beste Auswahl an Spirituosen auf der ganzen Welt.

»Negroni«, Sedanstraße 9, München: Der Besitzer verfügt über eine Sammlung von mehr als 400 Büchern zum Thema Bar. Entsprechend elaboriert sind seine Drinks.

»SHEPHEARD«, Rathenauplatz 5, Köln: Eine der besten und kreativsten deutschen Bars mit sehr professionellem Team. Unterschiedliche Salze kommen genauso zum Einsatz wie etwa Balsamico-Essig.

»Rum Trader«, Fasanenstraße 40, Berlin: Winziges Etablissement mit riesigem Rum-Sortiment. Betreiber Gregor Scholl ist der wohl stilvollste Barkeeper auf deutschem Boden und ein unbestrittener Meister seines Fachs. Schlechte Manieren werden nicht geduldet. Vorsicht, Herr Scholl ist in dieser Hinsicht sehr nachtragend!

Die Bestattung

Wer ein Leben in Saus und Braus geführt, wer Länder unterworfen, Frauen erobert, die Welt bewegt oder Vermögen verspielt hat, der wird die letzte Reise kaum im Sammeltaxi antreten wollen. Es müssen ja nicht gleich die Pyramide oder das Mausoleum als Grabstätte sein, aber was den Lebenden und den Toten heutzutage auf abendländischen, insbesondere auf deutschen Friedhöfen zugemutet wird, das grenzt schon an die Uniformität einer seelenlosen Vorstadtsiedlung. Hunter S. Thompson zum Beispiel, der es zeitlebens so richtig hatte krachen lassen und es am Ende der Vorstellung dementsprechend vorzog, sich mit einem Kopfschuss ins Jenseits zu befördern, wollte keine verstockte Trauerfeier und auch keinen langweiligen Grabstein. Stattdessen ließ der Autor und Berufswahnsinnige seine Asche mit einem riesigen Feuerwerkskörper in die Luft über Colorado schießen, hinterher floss der Alkohol in Strömen, und es kamen Gummipuppen zum Einsatz. Warum denn auch nicht, wenn der Tote es sich so gewünscht hat?

In Deutschland hingegen beschränkt sich die postmortale Selbstverwirklichung auf die Wahl zwischen Erd-, Feuer- oder Seebestattung; wer besonders anspruchsvoll ist, kann vorher sogar noch ein passendes Behältnis für die eigenen sterblichen Überreste bestimmen. Das Sargmodell »Fürstentruhe« (je nach

Ausstattung bis zu 12.000 Euro) macht da zwar gewiss mehr her als die einfache Fichtenkiste, aber ob das wirklich der Gipfel an Individualität sein kann? Hätte das deutsche Begräbnis- und Bestattungsrecht jedenfalls schon immer gegolten, dann wüssten wir ziemlich wenig über unsere Ahnen, heutzutage sind ja nicht einmal Grabbeigaben gestattet. Der Tod wurde nämlich bereits vom 18. Jahrhundert an derart entglamourisiert, dass den Verstorbenen hierzulande noch der kleinste Spaß verwehrt wird, von Kühnheiten ganz zu schweigen. Denn die Gestaltungsvorschriften für Friedhöfe sind streng, begründet wird das mit dem gewünschten einheitlichen Erscheinungsbild dieser kommunalen Grünanlagen. Ein Liegeplatz erster Klasse, also mit besonders schöner Aussicht oder unmittelbar entlang eines Hauptweges wie etwa der »Millionenmeile« auf dem Kölner Melatenfriedhof, ist da bereits das höchste der Gefühle.

Dass der Tod inzwischen ganz langsam wieder von bürokratischen Zwängen befreit wird, kann der Sepulkralkultur in einem Land mit abstandsgenormten Reihengräbern und festen Besuchszeiten auf den Friedhöfen nur gut tun, schließlich ist die Gesellschaft der Lebenden schon erstarrt genug. Und weil Luxus immer auch den Willen zur teuer erkauften Unterscheidbarkeit bedeutet, darf es schon als luxuriös gelten, wenn jemand mit der Asche seines verstorbenen Lebenspartners die Orte einst gemeinsam genossenen Glücks aufsucht. Denn das ist eigentlich gar nicht erlaubt, Dahingeschiedene müssen bei uns auch in pulverisierter Form sofort verbuddelt oder zumindest in einer speziellen Urne im offenen Meer versenkt werden.

Es sei denn, man wählt den Umweg übers benachbarte Ausland, nimmt etwa die Dienste eines belgischen, niederländischen oder polnischen Krematoriums in Anspruch und schmuggelt den Staub anschließend zurück über die Grenze. Innovative Bestatter wie Fritz Roth aus Bergisch Gladbach sind bei solchen Himmelfahrtskommandos gern behilflich.

Und dann? Ob die Asche im Garten verstreut oder auf dem Kaminsims aufbewahrt wird, ist weniger eine Frage der Pietät als vielmehr des letzten freien Willens – zumindest muss sich während einer privaten Beisetzung niemand dem engen Zeitplan und den strikten Auflagen der örtlichen Friedhofsverwaltung unterwerfen. Es gibt natürlich auch ausgefallenere Formen der Resteverwertung: Unternehmen wie »LifeGem« verwandeln die Asche in bunte Erinnerungsdiamanten, auf dass der Tote seine Ruhe am Ringfinger eines geliebten Verwandten finden möge. Oder schießen, wie die Firma »Space Services« aus Houston, die kremierten Überreste in den Weltraum, womöglich wegen der gefühlten Nähe zu Gott.

Überhaupt ist Amerika ein wahres Paradies in Sachen Totenkult, wie man seit »Six feet under« weiß. Die Fernsehserie über den Leichenbestatter Nate Fisher hat sogar ein reales Vorbild, der Mann heißt Tyler Cassity und betreibt seit 1997 den prominentesten Friedhof von ganz Hollywood. Wer sich auf »Hollywood Forever« beerdigen lässt, hat in seiner Gruft so namhafte Nachbarn wie Cecil B. DeMille, Douglas Fairbanks, Rudolph Valentino oder Jayne Mansfield, ein Grab in bester Uferlage am See kostet 50.000 Dollar. Das ist aber noch günstig im Vergleich zu den Liegeplätzen bei Cassitys neuestem Projekt, einem 200 Hektar großen »Park der Erinnerung« für Superreiche im kalifornischen Küstenort Carmel: Der Preis für die letzte Ruhestätte am Fuße einer der jahrhundertealten Eichen soll bei einer Million Dollar liegen.

Im Internet:

www.puetz-roth.de
www.lifegem.com
www.hollywoodforever.com

Das Besteck

Gegessen wurde, was auf den Tisch kam, und zwar mit dem Werkzeug, das man stets bei sich trug: fünf Finger an jeder Hand. Selbst Ludwig XIV. hielt es für gänzlich überflüssig, sich zur Nahrungsaufnahme mit so komplizierten Utensilien wie Messer und Gabel herumzuplagen, und wer damals nicht mit der bloßen Pranke in die Fleischtöpfe greifen wollte, musste sein Besteck schon selber mitbringen. Daher rührt auch der Name: Besteck kommt von ein-gesteck-t in Futteral oder Scheide. Sorgsam gestaltete und reich verzierte Messer und Löffel galten als Statussymbole der besseren Leute. Die Gabel kam erst später ins Spiel, sie hatte jahrhundertelang im Ruf eines »Teufelswerkzeugs« gestanden, dessen Gebrauch im 17. Jahrhundert in irischen und französischen Klöstern sogar ausdrücklich verboten war. Auch Martin Luther äußerte sich voller Schrecken über die Forke bei Tisch:»Gott behüte mich vor Gäbelchen«, notierte er im Jahre 1518. Im heutigen Sinne komplett und im Dekor vereinheitlicht erschien das Tischbesteck erst in Rokoko und Barock, wo das intime Dinner mit Kerzenlicht, erlesenen Speisen und kostbarer Tischdekoration sich gegen üppige Gelage mit derben Sitten durchsetzen konnte.

Dennoch war die bürgerliche Tischordnung lange Zeit nur einem kleinen Teil der Bevölkerung vorbehalten: Das klassische Tafelsilber mit seiner vom Sahne-Suppentassenlöffel über Obst-, Austern- und Hummergabel bis hin zu Fischvorlege-Gabel und Spargelheber schier ausufernden Vielfalt an Besteckteilen stellte auch für wohlhabende Familien eine gewaltige Investition dar, die als Aktivposten in der privaten Haushaltsbilanz von einer Generation an die nächste weitergegeben wurde. Wobei Silber nicht nur als Wertanlage, sondern durchaus auch unter kulinarischen Aspekten dem Edelstahl überlegen ist. Denn wegen seiner wärmeleitenden Eigenschaft nimmt es viel schneller die Temperatur der Speise an, sodass am Gaumen kein unangenehmer Kontrast etwa zwischen einer heißen Suppe und dem kalten Löffel entsteht. Hinzu kommt die leicht antiseptische Wirkung von Silber mit ihren wohltuenden Folgen für die Mundflora.

Es spricht also tatsächlich vieles dafür, die Ernährungsgewohnheiten dementsprechend zu veredeln, und wenig dagegen, dies auch jeden Tag zu tun. Warum sollte denn das silberne Besteck allenfalls an christlichen Feiertagen und bei hohem Besuch aufgelegt werden, wenn es doch so praktisch ist? In der Schublade läuft es jedenfalls bald an, und in der Spülmaschine nimmt es längst keinen Schaden mehr, solange man die Messer sorgsam vom anderen Besteck trennt, damit die Klingen aus geschmiedetem Stahl keine hässlichen Scharten darin hinterlassen. Überhaupt ist das Tafelsilber nicht nur stabiler geworden, seit bei den Messern das Heft und die Klinge fest miteinander verlötet und nicht einfach bloß zusammengekittet sind, sondern auch hochwertiger: Das einst in Deutschland übliche

800er-Silber ist mittlerweile durch die international gängigen 925er-Legierungen abgelöst worden. So genanntes Hotelsilber hingegen ist alles andere als massiv, die Bezeichnung steht vielmehr für versilbertes Besteck mit einem verhältnismäßig geringen Edelmetallanteil von sechzig Gramm gemessen auf 24 Teile.

Bleibt die Frage, welchem Hersteller das Vertrauen geschenkt werden soll, wenn der Hausrat auf Vordermann gebracht wird. Allzu groß ist die Auswahl allerdings nicht mehr, in Deutschland existieren nur noch fünf Manufakturen, in denen insgesamt rund 350 Beschäftigte Silber- und Stahlbesteck herstellen. Unter ihnen genießt die Flensburger Silberschmiede Robbe & Berking sicherlich den glanzvollsten Ruf, auch international sind die Produkte des mehr als 135 Jahre alten Familienbetriebs gefragt: An den Königshäusern von Jordanien oder Malaysia wird ebenso mit Besteck von Robbe & Berking gegessen wie am Hof des Aga Khan oder an der Tafel des russischen Oligarchen Vladimir Putin. Bei solchen Kunden dürfte der Kreis an potentiellen Gästen auch groß genug sein, um den Kauf eines 263-teiligen Besteck-Service »Alt-Spaten« für knapp 37.000 Euro zu rechtfertigen. Der Grundbedarf von dreißig Teilen für sechs Personen kann allerdings schon zu einem Zehntel dieser Summe gedeckt werden.

Mit einer mehr als 180 Jahren währenden Firmengeschichte sogar noch traditionsreicher ist die Bremer Silbermanufaktur Koch & Bergfeld. Aus deren Werkstätten kommt überhaupt nichts anderes als massives Silberbesteck, und zwar ausschließlich in 14 klassischen Entwürfen wie »Altfaden«, »Kreuzband« oder »Bremer Lilie« (ein dreißigteiliges Set für sechs Personen kostet rund 3.900 Euro). Wer heutzutage noch die Auffassung vertritt, am Sonntagmittag habe sich die Familie nach dem Kirchgang gefälligst um den Braten zu versammeln, dürfte eine klare Präferenz für Koch & Bergfeld hegen, auch viele deutsche Botschaften erachten das Besteck aus Bremen als besonders repräsentativ und decken ihre Tafeln damit ein. Außerdem ist die heute ewa dreißig Mitarbeiter zählende Manufaktur (vor hundert Jahren waren es noch sage und schreibe 800) in der Lage, sämtliche noch so alte oder seltene Besteckteile perfekt zu reproduzieren.

Der französische Vorzeigebetrieb für Tafelsilber ist übrigens nicht das sattsam bekannte Unternehmen Christofle, dessen (versilbertes) Besteck auch in der gehobenen Gastronomie oft verwendet wird, sondern die Firma Puiforcat mit Sitz an der Avenue Gabriel in Paris. Ihre Anfänge liegen im Stadtteil Marais, wo sich Emile Puiforcat als Messerschmied niederließ. Schon binnen weniger Jahre stieg er in den Rang der führenden französischen Silberschmiede auf, doch war es Emiles Urenkel Jean E. Puiforcat, der mit seinem schnörkellosen Design in den zwanziger und dreißiger Jahren des 20. Jahrhunderts die Legende zeitgemäß weiterschrieb. Die von Jean Puiforcat entworfenen Besteckserien wie »Bayonne« oder »Cannes« (circa 8.300 Euro für ein 24-teiliges Menübesteck) werden bis heute gefertigt und haben sich längst als Klassiker etabliert, durch eine Beteiligung von Hermès ist die Zukunft des Hauses Puiforcat im Olymp der französischen Luxus-Ausstatter gesichert. Natürlich speist auch der französische Präsident mit Besteck von Puiforcat – allerdings stammt dieses aus der Serie »Elysée«, der ein Entwurf aus dem frühen 18. Jahrhundert zugrunde liegt. Das entspricht wahrscheinlich auch am ehesten dem Selbstverständnis des Hausherrn im Elysée-Palast.

Im Internet:
www.robbeberking.de
www.koch-bergfeld.de
www.christofle.com
www.puiforcat.com

Die Bettwäsche

Angeblich wird Sex mit zunehmendem Alter ja besser – was vielleicht auch daran liegt, dass er vor allem seltener wird. Der Grund dafür besteht übrigens gar nicht unbedingt in einer langsam verlöschenden Libido und der damit einhergehenden Begeisterung fürs Golfspielen oder die Jagd. Sondern in der Bettwäsche. Wir erinnern uns der unbeschwerten Tage unserer Jugend, als ein einfaches Laken aus Frottee und eine unbezogene Steppdecke darauf ein herrliches Liebesnest abgaben, in dem man sich suhlen konnte wie eine Sau im Koben und man weder im Traum noch beim Aufwachen daran dachte, dies müsse sich je ändern. Bis die erste Frau in unser Leben trat, der ein gewisses kulturelles Rahmenprogramm mindestens ebenso wichtig war wie die eigentliche Aufführung in drei beziehungsweise mehr Akten selbst. Gefordert waren nunmehr also Kerzenlicht, musikalische Untermalung sowie anständige, aber eben auch wartungsintensive Bettwäsche. Was das im Extremfall für Folgen haben kann, wurde auf sehr erschütternde Weise in einer Bettszene der US-Fernseh-Serie »Sex and the City« deutlich, als nämlich Samantha ihren kurz vor dem Höhepunkt stehenden Lover anherrscht: »Aber komm bloß nicht auf meiner Pratesi-Bettwäsche!« Pratesi-Bettwäsche zu beflecken, das ist ungefähr so, als würde man in einen Kaschmir-Pulli schnäuzen.

Dabei ist der italienische Familienbetrieb noch nicht einmal die unangefochtene Nummer eins unter den superexklusiven Wäschefabrikanten, denn dieser Platz gebührt zweifelsfrei der Firma »D. Porthault« aus Paris. Wir wollen jetzt gar nicht darauf eingehen, wie sich solcherlei Bettbezüge von der Avenue Montaigne auf das Liebesleben der jeweiligen Besitzer auswirken, und enthalten uns auch langwieriger Beschreibungen der stupenden Baumwollqualität, der kunstvoll gestickten Bordüren oder der brillanten bunten Drucke, mit denen Madeleine und Daniel Porthault vor mehr als 85 Jahren erstmals Farbe in die bis dahin etwas eintönige Weißwäschewelt brachten. Das alles kann man bei Preisen von gut 2.000 Euro für eine doppelte Garnitur Bettwäsche durchaus erwarten. Interessanter ist vielmehr, dass das Ehepaar Porthault praktisch von Anfang an seine dankbarsten Abnehmer in den Vereinigten Staaten fand. Sogar Jacqueline Kennedy bettete ihr Haupt vorzugsweise auf zartrosa gemusterte Porthault-Bezüge – was möglicherweise erklärt, warum ihr Präsidentengatte öfter mal auswärts naschen gehen musste.

Das Faible der Ostküsten-Amerikaner für europäische Edel-Bettwäsche ist bis heute ungebrochen, Porthault, Pratesi und ein weiterer italienischer Schlafzimmerausstatter der Luxusklasse, nämlich »Frette« aus Mailand, betreiben sogar eigene Läden an New Yorks Upper East Side. Wobei »Frette« sich auch noch rühmen kann, das italienische Königshaus, Grandhotels wie das »Ritz« in Paris, das »Raffles« in Singapur oder das Londoner »Savoy« und sogar den Vatikan mit Bettwäsche beliefert zu haben. So etwas kommt in der Neuen Welt natürlich immer gut an.

Bei uns offenbar weniger, denn hierzulande ist die Bettwäsche-Kultur seltsam unausgeprägt, um nicht zu sagen: zurückgeblieben. Keine der erwähnten Firmen verfügt in Deutschland über ernst zu nehmende Vertriebsstrukturen, ein so phänomenales Fachgeschäft wie »Zur schwäbischen Jungfrau« in Wien mit angeschlossener Nähwerkstatt wird man ohnehin vergeblich suchen. Das erschütternd lieblose Verhältnis der Deutschen zu ihrer Bettwäsche brachte vor einigen Jahren eine Umfrage an den Tag. Demnach wechseln 40 Prozent der Bundesbürger ihre Bettwäsche einmal alle zwei Wochen, 42 Prozent nur einmal im Monat und immerhin ein Prozent sogar bloß vierteljährlich. Wer nun glaubt, dies würde wenigstens mit ungehemmter Wollust einhergehen, sieht sich getäuscht – zumindest lassen die niedrigen Geburtenraten nicht darauf schließen. Ein kleiner Tipp deshalb an alle männlichen Singles: einfach mal die Bettwäsche mit dem FC-Bayern-München-Muster gegen frische, einfarbige Laken tauschen, dann klappt's vielleicht auch mit der Freundin.

Im Internet:
www.pratesi.com
www.dporthault.com
www.frette.com
www.schwaebische-jungfrau.at

Das Briefpapier

Der berühmte Galerist und Kunstsammler Heinz Berggruen pflegte als Sohn eines Berliner Schreibwarenhändlers immer ein besonders sinnliches Verhältnis zu Briefpapier. Im Geschäft seines Vaters seien die edelsten Bögen, »veilchenblaue, smaragdgrüne, rosafarbene, so zart wie ein Babypopo«, in eleganten Verpackungen wie kostbares Konfekt präsentiert worden, erinnert er sich. »Die Aufmachung allein schon wie auch ihr Inhalt war eine Einladung, mehr noch: eine Inspiration, sich beim Schreiben angeregt und beschwingt zu geben, wenn man zum Ausdruck bringen wollte, dass man sich mit dem, was man schrieb, ganz dem papiernen Kleid anpasste, das als Unterlage diente.« Seit den zwanziger Jahren, von denen bei Berggruen die Rede ist, hat sich die Schreibkultur allerdings in wenig erfreulicher Weise zurückentwickelt. Heute kann man schon froh sein, wenn eine E-Mail nicht mit etlichen grinsegesichtigen »Emoticons« gespickt ist, die dem Empfänger eine Art freudiger Erregung signalisieren sollen, aber letztlich doch nur von der Uninspiriertheit des Absenders künden.

Einen handschriftlich verfassten Brief zu verschicken gleicht heutzutage mehr denn je einer Anerkennung, der etwas Gravitätisches, ja beinahe Intimes innewohnt. Insofern ist es nur allzu verständlich, dass dieser seltene Moment der Persönlichkeitsentfaltung nicht durch die Wahl eines billigen Büropapiers konterkariert werden sollte, das eben mal auf die Schnelle aus dem Vorratsschuber des Tintenstrahldruckers geklaubt wurde. Denn auch in der Wahl des Bogens manifestiert sich eine Haltung, mit der der Verfasser womöglich sogar mehr über sich preisgibt, als es ihm selbst bewusst ist. Das beginnt im gehobenen Schriftverkehr schon bei der Frage, in welcher Manier der Name (und eventuell auch die Adresse) auf dem Briefkopf angebracht wurden: Ist eine Stahlstichprägung wirklich so affektiert und überkandidelt, wie manche Leute behaupten?

Nun, ganz gewiss nicht – es ist genauso eine Frage des Typs wie der Type. Kreative Berufe, zu denen wir jetzt auch mal die Architekten zählen wollen, bevorzugen gemeinhin ein serifenloses Schriftbild wie beispielsweise die »Akzidenz grotesk«. So weit, so gut. Nur würde eben die unschnörkelige Bauhausmäßigkeit dieser Typografie ins Lächerliche gezogen, wäre sie in einem betont konservativen Druckverfahren wie dem Stahlstich auf das Briefpapier appliziert worden. Für so etwas eignet sich der klassische Buchdruck viel besser, und dass diese Methode keineswegs billig wirken muss, zeigt sich am schönsten an den Bögen und Briefkuverts des Berliner Druckers Martin Z. Schröder. In dessen »Druckerey« werden die bleiernen Lettern noch per Hand aus dem Setzkasten zu einer »Kolumne« zusammengefügt, in eine eiserne Rahmenform geschlossen und sodann in eine Tiegeldruckpresse gehängt, die ebenfalls manuell betätigt wird. Weil aber jedes Blatt einzeln bearbeitet gehört, kostet das den Drucker viel Zeit und den Kunden einiges an Geld: Rund

290 Euro berechnet Schröder für einen aus jeweils hundert elegant klar gestalteten Bögen und Briefumschlägen bestehenden Satz. Das Papier ist dem Aufwand angemessen, verwendet wird ausschließlich so edles Material wie amerikanisches »Crane's Crest« aus reinen Baumwollfasern oder europäische Premiumware wie das »Precioso« von Römerturm.

Die Stahlstichprägung hingegen gilt gemeinhin als das gediegenste und luxuriöseste Druckverfahren. Zum einen, weil typographisch eine englische Schreibschrift am besten dazu passt. Zum anderen, weil der Namenszug von einem Fachmann vorher eigens in die Druckvorlage graviert werden muss. Dieser Stempel wird dann eingefärbt und wieder abgewischt, damit die Farbe nur in den eingravierten Vertiefungen zurückbleibt. Das sorgt beim Druck nicht nur für ein »gestochen« scharfes Schriftbild, sondern auch für die berühmte »Erhabenheit«: Wo der Name steht, ist das weiche Papier wegen der eingefärbten Mulde nicht so stark zusammengepresst worden – es bildet sich ein leichtes, aber mit dem Finger durchaus ertastbares Relief. Doch ist nicht alles Erhabene auch wirklich im Stahlstich entstanden: Getrickst wird beispielsweise gern mit einem im gewöhnlichen Offsetverfahren auf das Papier gedruckten Pulver, das hinterher in den Ofen kommt und dabei aufgeht wie ein Kuchen. Das fühlt sich dann allerdings nur auf der Vorderseite halbwegs nach Stahlstich an – auf der Rückseite des Drucks bleibt der Briefbogen eben.

Allzu groß sind die Unterschiede zwischen den wenigen ernst zu nehmenden Stahlstechern naturgemäß nicht – selbst so renommierte Unternehmen wie »Smythson« in London oder »Cassegrain« in Paris bedienen sich keiner anderen Methoden zur Herstellung ihrer Prägestempel – und verlangen dennoch mindestens 200 Euro für die Gravur sowie weitere 200 Euro für hundert bedruckte Briefbögen (bei »Cassegrain«). Oder setzen gleich eine Mindestpauschale von 230 Pfund für einen vom Kunden via Internet selbst zu gestaltenden Hundertersatz mit Bögen und Umschlägen fest (bei »Smythson«). Da lohnt sich dann vielleicht doch der Verzicht auf weltbekannte Markennamen. Zumal selbst prestigeversessene deutsche Wirtschaftskapitäne ihr Briefpapier samt und sonders von Spitzenklassedruckern zum halben Preis im Inland fertigen lassen: bei Max Sames in Hamburg etwa oder bei »Hannovera« in Hannover. Wenn die edlen Briefbögen dem einen oder anderen Vorstandsvorsitzenden auch noch zu der von Heinz Berggruen in Aussicht gestellten Inspiration verhelfen, kann das jedenfalls nicht schaden.

Im Internet:
www.druckerey.de
www.smythson.com
www.cassegrain.fr
www.maxsames.de
www.hannovera-gmbh.de

Der Brillant

»A Diamond is Forever.« Ist er das wirklich? Oder ist nur der berühmte »De Beers«-Slogan unvergänglich, mit dem das größte Diamantenhandelshaus der Welt seit 1948 für seine Steine wirbt? Eines ist jedenfalls bemerkenswert: Da geben Männer Tausende von Euro für einen Brillanten aus, um eine Frau damit zu beeindrucken, aber über das Objekt selbst herrscht auf beiden Seiten dieser lieb gemeinten Transaktion weitgehend große Unkenntnis. Okay, die Geste zählt – trotzdem wollen wir aus gegebenem Anlass kurz ein paar Dinge klarstellen. Keine Sorge, meine Damen, die Legende lebt auch hinterher noch weiter.

1. *Ein Diamantring ist seit jeher das klassische Verlobungsgeschenk.* Stimmt nicht, auch wenn Juweliere das gerne behaupten. Noch in den zwanziger Jahren steckte ein Mann seiner künftigen Braut traditionell einen Opal an den Finger. »De Beers« gelang es später im Zuge einer großen Werbekampagne, den Opal als Unglücksbringer zu verunglimpfen und stattdessen den Diamanten als das Maß aller Dinge darzustellen. In Deutschland ist der brillantbesetzte »engagement ring« eigentlich erst seit den siebziger Jahren populär.

2. *Ein Diamant ist unvergänglich.* Davon abgesehen, dass ein Diamant in seiner Eigenschaft als kristallisierter Kohlenstoff natürlich verbrennen kann, handelt es sich tatsächlich um das

härteste Material, das in der Natur vorkommt. Auf der von 1 bis 10 reichenden »Mohs'schen Härteskala« nimmt er den unangefochtenen Spitzenplatz ein, gefolgt von Korund (Rubine, Saphire) mit dem Härtegrad 9. Allerdings darf Härte nicht mit Unzerbrechlichkeit verwechselt werden: Lässt man einen Diamanten auf festen Grund fallen, besteht die Gefahr, dass er in einzelne Stücke zerspringt.

3. *Diamanten sind Edelsteine.* Zumindest werden sie so genannt. Allerdings ist die Bezeichnung »Edelstein« keine präzise wissenschaftliche Klassifikation, sondern eine Umschreibung für besonders schöne oder seltene Minerale mit einem hohen Wert – und entsprechend dem Wandel der Zeit und des Geschmacks unterworfen.

4. *Brillanten sind geschliffene Diamanten.* Stimmt, aber nicht jeder geschliffene Diamant ist auch ein Brillant: Der Brillant ist immer ein rund geschliffener Diamant mit 57 Facetten. Erstmals präsentiert wurde der Brillantschliff 1919 vom Mathematiker Marcel Tolkowsky, sein »Ideal Cut« ist bis heute in den Vereinigten Staaten verbreitet. Inzwischen gibt es etliche Varianten, in Deutschland gilt der »Moderne Feinschliff«-Brillant als Standard.

5. *Bei Diamanten kommt es auf die »vier C's« an.* Richtig, aber leider wird es da für den Laien schnell unübersichtlich. Die »vier C's« stehen jedenfalls für: »Carat« (Gewicht), »Cut« (Schnitt), »Clarity« (Reinheit) und »Colour« (Farbe). Während auf der ganzen Welt ein Karat exakt 0,2 Gramm entspricht, kann es bei den drei anderen »C's« zu leichten Abweichungen

kommen – je nachdem, welcher Kriterienkatalog zugrunde gelegt wird. Eine gute Basis ist der Bewertungskatalog des »International Diamond Council«. Die höchste Qualität wäre demnach ein »lupenreiner« Brillant in der Farbe »Hochfeines Weiß +« mit »sehr gutem« Schliff. Farbkategorien wie »Top Wesselton« sind mangels Präzision nicht mehr gebräuchlich.

6. *Ein Zertifikat schafft Sicherheit.* Schön wär's, aber manche Prüflabors sind berüchtigt für ihre laschen Expertisen. Einen tadellosen Ruf hat hingegen das »Diamant-Prüflabor« in Idar-Oberstein.

7. *Bei berühmten Juwelieren gibt es die besten Steine.* Nein, auch »Harry Winston«, »Tiffany« oder »Cartier« haben grundsätzlich keine anderen Bezugsquellen als der Goldschmied um die Ecke.

8. *Brillanten sind eine prima Wertanlage.* Zur kurzfristigen Spekulation taugen sie nicht, allein schon weil Diamanten nicht so problemlos wieder verkauft werden können wie Wertpapiere. Aber wer seiner Frau vor ein paar Jahren einen Brillantring spendiert hat, anstatt in den Neuen Markt zu investieren, kann sich heute freuen. Zumindest, wenn die Beziehung zwischenzeitlich nicht in die Brüche gegangen ist.

Die Brille

Mit der Gattung »Brille« verhält es sich ein bisschen wie mit der Gattung »Mensch«: Sie unterteilt sich in zwei Unterarten (Mann/Frau), die zwar jeweils auf den ersten Blick über einige Gemeinsamkeiten verfügen, aber letztlich völlig unterschiedliche Lebensentwürfe verfolgen. Die normale Brille, also die Sehhilfe mit transparenten hellen Gläsern, beschränkt sich auf eine dienende Funktion, indem sie ihrem Träger mit ein paar Dioptrien mehr oder weniger zu klarer Sicht verhilft. Sie ist gewissermaßen der intellektuelle Rationalist auf dem Nasenrücken, während die Sonnenbrille sich ganz und gar in der Rolle der Diva gefällt: Ihre Auftritte stehen entweder im Glanze des namensgebenden Planeten oder aber der Scheinwerfer. Wer sie trägt, will sich dahinter verbergen und gleichzeitig besser zur Geltung kommen. Ein Wesen voller Widersprüche, aber allemal schön anzusehen und auf ihre Weise unverzichtbar. Wir wollen jetzt auch gar nicht weiter darauf eingehen, welche Art von Brille für männliche und welche für die weiblichen Eigenschaften steht.

Wie luxusaffin die Sonnenbrille ist, das erkennt man schon an ihrer Entstehungsgeschichte. Es war nämlich so, dass ausgerechnet Kaiser Nero, der verschwendungssüchtige Angeber und Exzentriker, die Gladiatorenkämpfe am liebsten durch einen vor das Auge gehaltenen Smaragd verfolgte, um bei dem Spektakel nicht geblendet zu werden. Später allerdings kam die Sonnenbrille wieder jahrhundertelang aus der Mode und meldete sich so richtig erst in der ersten Hälfte des 20. Jahrhunderts zurück – ganz bescheiden in Form eines gewöhnlichen Gestells mit getönten Gläsern, aber schon damals von den Stars der Stummfilm-Ära zu einem irgendwie mondänen Accessoire geadelt.

Es begab sich aber, dass ein gewisser Philip Oliver Goldsmith, der seinen Lebensunterhalt als Vertreter für ein kleines Optik-Unternehmen in England bestritt, von der Idee besessen war, der Sonnenbrille zu ihrem eigenen Recht zu verhelfen. Also überzeugte er 1926 einen befreundeten Knopfhersteller, ihm aus Acetat – dem Grundprodukt für Knöpfe – ein paar ausgefallene, noch nie da gewesene, bunte und wirklich flamboyante Gestelle zu formen, in die dann nur noch ein Paar dunkler Gläser eingepasst werden musste. Es war die Geburtsstunde der Sonnenbrille als Glamour-Objekt, und alle, aber wirklich alle Extraordinary People verfielen ihrem lasziv-geheimnisvollen Charme im Handumdrehen. In den Swinging Sixties hatte Philip Oliver Goldsmith sich längst etabliert und die Geschäfte an seine Nachkommen Andrew und Ray Goldsmith abgegeben, der Bann der Brillen jedoch war ungebrochen: Das Ladenlokal an der Poland Street in London war stete Anlaufstelle von Leuten wie Grace Kelly, Peter Sellers, Ursula Andress oder Olivia Newton-John, die Rolling Stones gingen zu keiner Tages- und Nachtzeit ohne »OG«s (so lautet das Firmenlogo) aus dem Haus, und selbstverständlich trug auch Audrey Hepburn in der berühmten Schaufenster-Szene aus »Frühstück bei Tiffany« eine pechschwarze und ganz indiskret dimensionierte Brille von Oliver Goldsmith.

Bis die Sonne irgendwann unterging und der Betrieb in Konkurs. Denn natürlich hatten die flotten Jungs aus der Modebranche bald entdeckt, dass sich mit Sonnenbrillen prächtig viel Geld verdienen lässt, wenn man nur sein eigenes Logo auf ein fremd gefertigtes Modell appliziert und unter ein Volk bringt, das sich zwar kein Kleid von Dior und keinen Anzug von Armani leisten kann, wohl aber »a pair of shades« mit dem entsprechenden Namen. Trotzdem geht das Märchen gut aus: Claire Goldsmith, der Urenkelin von Philip Oliver, ist es zu verdanken, dass die großartige Tradition der expressiven Goldsmith-Sonnenbrillen seit einigen Jahren fortgeführt wird. In ihren Werkstätten lässt sie nicht nur legendäre Modelle wie die einst für Aristoteles Onassis entworfene »Mistinguett« wieder auferstehen (Preise um die 300 Euro), sogar das Material ist das alte. Denn die Goldsmith-Nachfahrin konnte zumindest anfangs für ihre handgefertigten Sonnenbrillen auf das familieneigene Acetatplatten-Lager von anno dazumal zurückgreifen. Kein Wunder also, dass auch der Rockstar von heute gern wieder »OG« trägt.

Die normale Sehhilfe mag zwar modisch im Schatten der Sonnenbrille stehen, vernachlässigen darf man sie deswegen keineswegs. Aber wer den Alltag im Kostümchen oder mit der Krawatte um den Hals verbringen muss, tut vielleicht gut daran, keine allzu gewagten Kontrapunkte durch die Wahl einer exzentrischen Brille zu setzen. Das wirkt nämlich schnell lächerlich, genauso wie umgekehrt Helmut Kohl in den achtziger Jahren sein biederes Image durch krankenkassenartige Gestelle aus der Designabteilung der AOK zementierte. Die eleganteste Lösung sind dezent-konservative Brillen aus purem Gold, wie sie das schwäbische Unternehmen »Lotos« schmiedet: exzellent verarbeitet, von unnachahmlicher haptischer Qualität und vor allem maßgefertigt – immerhin sind ja auch die Gesichter der Menschen unterschiedlich und nicht nur der darunter befindliche Restkörper. Eine »Lotos« ohne allen Schnickschnack gibt es schon für 3.000 Euro, aber wer unbedingt will, kann das gute Stück natürlich noch etwas tunen lassen und bekommt dann beispielsweise eine mit 44 identisch geschliffenen Diamanten besetzte Brille für 300.000 Euro. Daneben wirkt selbst Neros Smaragd-Sonnenbrille geradezu bescheiden.

Im Internet:
www.olivergoldsmith.com
www.lotosgold.de

Der Butler

Nur kurz vorweg: Der berühmteste Butler der Welt ist nicht James aus »Dinner for one«, den man am Silvesterabend wahrscheinlich noch in hundert Jahren über einen Tigerkopf wird stolpern sehen. Sondern Jeeves, ein umfassend gebildeter Gentleman, welcher seinem Herrn, dem intellektuell eher unergiebigen Bertram Wilberforce Wooster, in Geistesdingen genauso deutlich überlegen ist wie in den meisten praktischen Angelegenheiten des Lebens. Tatsächlich wurde ein Butler selten komischer, liebevoller und gleichzeitig treffender beschrieben als mit jener trockenen Metaper des britischen Autors P. G. Wodehouse: »Ein hölzerner Ausdruck war in Jeeves' Miene getreten, und sein Blick verströmte jene vornehme Zurückhaltung, die man auch bei Papageien wahrnimmt, denen ein Unbekannter, von dessen Vertrauenswürdigkeit sie nicht restlos überzeugt sind, eine halbe Banane anbietet.« Wodehouse wusste, wovon er sprach, denn obwohl er aus der Mittelschicht stammte, kannte er kaum einen Haushalt ohne Butler. Und weil sich seine Jeeves-Bücher millionenfach verkauften, hat er das Bild des Butlers, zumindest des englischen, ganz entscheidend mitgeprägt. Seltsam nur, dass dieser Berufsstand so oft Gegenstand humoristischer Betrachtungen ist, denn eine Witzfigur gibt ein souveräner Butler beileibe nicht ab.

Im Gegenteil handelt es sich sogar um den zweitältesten Beruf der Welt. Das behauptet zumindest Ivor Spencer, der in London die wohl renommierteste Butlerschule überhaupt betreibt und auf dessen Eleven das englische Königshaus genauso zurückgreift, wie es Adelshäuser und Milliardärshaushalte in aller Welt tun – letzthin übrigens auch viel neuer Geldadel aus Russland und China. Tatsächlich leitet sich das Wort »Butler« vom lateinischen »buticula«, also »Flasche«, ab, was darauf schließen lässt, dass der antike maior domus unter anderem für eine ordentliche Getränkebevorratung zu sorgen hatte. Daran hat sich bis heute nichts geändert, nur ist das Aufgabengebiet deutlich gewachsen. Während ein Butler noch bis in die erste Hälfte des 20. Jahrhunderts im Wesentlichen damit befasst war, sich um die Garderobe seines Herrn zu kümmern, den Champagner zu entkorken, die Mahlzeiten und die Drinks zu servieren sowie die Gäste in Empfang zu nehmen, sind seine modernen Amtsnachfolger Household-Manager auf hohem Niveau und dabei nicht zuletzt zuständig für Rekrutierung und Einarbeitung des gesamten übrigen Dienstpersonals. Wer beispielsweise im Palast eines Ölscheichs nach dem Rechten sieht, hat selten weniger als hundert Domestiken unter seinen Fittichen. Der Butler von heute wickelt außerdem sämtliche Einkäufe ab, bespricht die Menüs mit dem Küchenchef, beaufsichtigt Handwerker, organisiert Empfänge und Festivitäten oder bereitet Auslandsreisen vor. Darüber hinaus erhoffen sich viele neureiche Arbeitgeber von ihrem English-School-Butler Ratschläge in Sachen Stil und Etikette. Da ist in der Tat viel zu tun – und ein

Jahresgehalt von mindestens 60.000 Euro zuzüglich Kost, Logis und womöglich sogar eines Dienstwagens durchaus angemessen.

Leider hat auch die gute Bezahlung den einen oder anderen Vertreter seines Berufsstandes nicht davon abgehalten, seine Vertrauensstellung zu missbrauchen und intime Details über seine Arbeitgeber gegen Honorar auf den Boulevard zu tragen. Die Rede ist insbesondere von dem einen, namentlich Paul Burrell. Allein die Vorabdrucke seiner Enthüllungen über Prinzessin Diana waren dem »Daily Mirror« gut 400.000 Euro wert, der Schaden aber, den Burrell damit für das Renommee des Butlerberufs angerichtet hat, lässt sich gar nicht beziffern. »Diskretion, Diskretion, Diskretion« sind denn auch Ivor Spencers erste drei Worte, wenn er nach den wichtigsten Anforderungen an einen Butler gefragt wird (um gleich hinzuzufügen, dass keiner seiner Zöglinge jemals geplaudert habe). Erst dann folgen: Verlässlichkeit, Sauberkeit, Organisationstalent, Stil und Spaß am Dienen. Gerade Letzteres ist besonders notwendig, denn mit einer Vierzig-Stunden-Woche-Mentalität wird in diesem Job niemand glücklich: aufstehen um sechs, Arbeitgeber wecken, Morgengetränk bringen, Badewasser einlassen und nach den Frühstückswünschen fragen. Erst wenn am späten Abend zwei Garnituren an Garderobe zur Auswahl für den nächsten Morgen bereitgelegt sind, endet der Tag.

Ein Butler mag noch so viel zu tun haben, er darf es sich niemals anmerken lassen. Nichts wäre würdeloser als eine Art hektischer Hausmeister, der durch aufgedrehtes Herumgewusel die Herrschaft in Verlegenheit und Unruhe versetzt. Genauso wenig gefragt sind ostentative Unterwürfigkeit, aufdringliches Bemuttern oder beständiges Hervorheben von Titeln: »Sir, yes, Sir!« ist vielleicht der richtige Umgangston auf einem amerikanischen Kasernenhof, aber ganz gewiss nicht, wenn beispielsweise mal ein Mitglied der Königsfamilie vorbeischauen sollte. Solche Gäste spricht ein erfahrener Butler nur zur Begrüßung und zur Verabschiedung mit »Royal Highness« an, in der Zeit dazwischen braucht es das nicht. »No fuss« – kein Aufhebens, heißt die Devise.

Selbstverständlich kann ein Butler bestimmte Aufträge auch ablehnen, manche Tätigkeiten sind ihm laut Standesregeln sogar strikt untersagt. Als da wären: die Beschaffung von Drogen und das Zuführen von Prostituierten. Erst recht nicht darf er sich als Lustknabe selbst zur Verfügung stellen – wozu gibt es schließlich den Reitlehrer?

Im Internet:
www.ivorspencer.com

Der Champagner

Die Geschichte des Champagners ist vor allem die Geschichte einer genialen Legendenbildung. Das Getränk gilt als Synonym für Glamour und Luxus, obwohl es mittlerweile in jeder besser sortierten Tankstelle und in jedem Discount-Markt zu haben ist. Champagner wird oft ehrfurchtsvoll und andächtig getrunken, obwohl sich Autorennfahrer auf dem Siegertreppchen aus Riesenpullen so hemmungslos damit vollspritzen, als müssten sie eine welke Palme bewässern. Eine Feier wirkt besonders feierlich, wenn der Champagner in Strömen fließt, obwohl der Gastgeber das viele Geld vielleicht besser in eine ordentliche Mahlzeit und eine gute Band investiert hätte, anstatt öde Canapées zu servieren und den Alleinunterhalter vom Vorjahr zu engagieren. Und seltsamerweise findet man sogar in gebildeten Schichten den Aldi-Champagner ganz schick, obwohl doch jeder ahnen könnte, dass es sich bestenfalls um die Restposten großer Abfüller auf sehr schwankendem Qualitätsniveau handelt. Außerdem ist »Billigchampagner« ein Widerspruch in sich: Der Anschein von Exklusivität und die offensichtliche Herkunft aus dem Sparmarkt, das geht doch eigentlich nicht zusammen. Außer beim Champagner.

Wie konnte es dazu kommen? Warum war deutscher Winzersekt zu Beginn des 20. Jahrhunderts in aller Welt gerühmt, während er heutzutage nur noch als Geheimtipp gehandelt wird? Sieht man mal von der wirklich überragenden Qualität einiger Schaumweine aus dem 34.000 Hektar Anbaufläche umfassenden Herkunftsgebiet des Champagners ab, ist es den Franzosen einfach besser als ihren Konkurrenten gelungen, Massenware salonfähig zu machen. So ritt beispielsweise Charles-Henri Heidsieck persönlich nach Moskau, um den Zaren mit seinen Erzeugnissen zu beeindrucken, und Taittinger brachte anno 1963 eine seiner Flaschen in der James-Bond-Episode »Liebesgrüße aus Moskau« unter. Wer weiß, ob nicht auch Marilyn Monroe von der Champagnerindustrie gesponsert wurde, als sie in deren umworbenem Produkt ein prickelndes Bad nahm.

Jedenfalls ist schon der Mythos um die vermeintlichen Ursprünge des Getränks eine gewitzte Verkaufsstrategie: Demnach hat der Benediktinermönch Dom Pérignon, zu dessen Ehren eine berühmte Prestige-Cuvée von Moët & Chandon benannt wurde, die Champagnermethode während seiner Arbeit im Weinkeller der Abtei von Hautvillers zufällig entdeckt – was ihn zu dem berühmten Ausruf »Ich trinke Sterne« veranlasst habe. Ende des 17. Jahrhunderts soll sich dieses sagenhafte Ereignis abgespielt haben, tatsächlich aber gab es moussierende Weine schon lange vorher. Der fromme Kellermeister hat sich neueren Erkenntnissen zufolge im Gegenteil sogar darum gekümmert, die Bildung von Blasen im Wein zu verhindern, denn diese hinterließen vor allem einen unangenehm säuerlichen Geschmack. In England jedoch (wo sonst) fanden viele Kunden Gefallen am eigentlich fehlerhaften »sparkling wine« und animierten ihre Lieferanten dazu, das Blubberverfahren zu perfektionieren, nachdem die Beimischung von Zucker, Zimt, Goldlack oder sogar Taubenmist sich in dieser Hinsicht als ungeeignet erwiesen hatte. So gesehen, ist Champagner also das Ergebnis einer britischen Geschmacksverirrung. Auf der Insel ist man übrigens immer noch ganz angetan vom Ergebnis dieser denkwürdigen Koproduktion, Großbritannien stellt den mit Abstand wichtigsten Exportmarkt für die Champagnerwirtschaft dar, vor den Vereinigten Staaten und Deutschland.

Der Vorteil von Champagner, zumindest was die handelsübliche Ware angeht, ist gleichzeitig auch sein größtes Manko: Es handelt sich um ein weitgehend standardisiertes Produkt. Wer eine Flasche »Veuve Cliquot« bestellt, will keine Überraschungen erleben, sondern erwartet einen Geschmack, der so eingängig und wiedererkennbar ist wie das orangefarbene Etikett. Deswegen ist auf normalem Markenchampagner auch kein Jahrgang vermerkt, denn möglichst gleichbleibende Qualität lässt sich nur durch einen Verschnitt aus unterschiedlichen Jahrgängen erreichen, ebenso wie das Lesegut von verschiedenen Lagen stammt und meist aus einer Mischung der drei Champagner-Trauben Chardonnay, Pinot Noir und Pinot Meunier besteht. Trotz der immer noch recht hohen Preise verdienen die renommierten Champagnerhäuser mit ihren Basisprodukten aber immer weniger Geld: Mit bis zu fünf Euro je Kilogramm zählen die Traubenpreise in der Champagne zu den höchsten der Welt, die Anbaufläche lässt sich praktisch nicht mehr ausdehnen, und unter welchen Umständen manche Handelsketten ihren Haus-Champagner für weniger als zwölf Euro ins Regal bekommen, bleibt vielen Branchengrößen ein Rätsel.

Sie werden ihr Heil deswegen künftig wohl verstärkt im Top-Segment suchen: Der Trend geht zur »Premierisation«, zur Aufwertung der Produktpalette mit Jahrgangschampagner und Prestige-Cuvées aus Weinen der ersten Pressung, die lange auf der Hefe gelegen haben und ein Alterungsvermögen von zwanzig oder dreißig Jahren besitzen. Besonders hervorhebenswert sind natürlich die drei großen Klassiker, nämlich der schon erwähnte »Dom Pérignon«, der »Comtes de Champagne« von Taittinger sowie der »Roederer Cristal«: allesamt Jahrgangsweine, für die das beste Lesegut verwendet wurde; im Fall des »Cristal« und des »Dom« bestehend aus Pinot Noir und Chardonnay; der »Comtes« hingegen ist ein reiner Chardonnay-Champagner, ein so genannter »Blanc de Blancs«. Während gewöhnlicher Champagner nicht allzu lange gelagert werden sollte, entfalten die Spitzen-Cuvées meist erst nach fünf bis zehn Jahren Ruhezeit im heimischen Weinkeller ihr volles Potential und entwickeln immer mehr Komplexität, Tiefe und Aromenvielfalt. Bei Preisen um die hundert Euro je Flasche erfordert ein gut sortiertes Depot allerdings erhebliche Investitionen, der »Cristal« liegt sogar bei rund 180 Euro. Sein Name leitet sich von den Kristallflaschen ab, in die Roederer einst den für das russische Zarenhaus bestimmten Champagner abfüllte. Besonders gut kam bei Hofe allerdings ein anderes, bis in die heutigen Tage aufrechterhaltenes Detail im Verpackungsdesign an, und zwar die fehlende Einbuchtung am Flaschenboden: Sie hätte – so fürchteten angeblich die Blau-Bluter – als Versteck für Sprengsätze dienen können.

Wer nach einer wesentlich günstigeren Möglichkeit sucht, außergewöhnlichen Champagner zu trinken, sollte dagegen sein Augenmerk auf die Erzeugnisse kleinerer selbständiger Winzer legen, die keine astronomischen Summen in Werbekampagnen stecken können und es auch gar nicht wollen. 14.000 Weinbauern gibt es in der Champagne, die meisten von ihnen verkaufen ihre Trauben an die großen Häuser oder vermarkten sie über Winzergenossenschaften. Einige produzieren jedoch auch ihren eigenen Champagner, und zwar in teilweise hervorragender Qualität. Einen Winzerchampagner erkennt man übrigens am Kürzel »RM« auf dem Etikett, es steht für den »Récoltant Manipulant«, der seinen Champagner ausschließlich aus eigenen Weinen im eigenen Betrieb herstellt. Erick de Sousa aus dem Örtchen Avize ist zum Beispiel so einer, und was in seinem Keller vor sich hingärt, gehört zum Feinsten, was die Region zu bieten hat. Schon der einfache »Brut Tradition« ist ein Meisterwerk, für etwa 25 Euro obendrein eines von der bezahlbaren Art. Ein Tipp unter Kennern ist auch Jacques Selosse, ebenfalls in Avize zu Hause. Durch den Verzicht auf Milchsäuregärung entstehen äußerst lagerfähige, elegante, tiefgründige Champagner von großer Finnesse. Der Selosse-Jahrgangschampagner und die »Cuvée Substance« (jeweils um die achtzig Euro) zählen sogar zu den absoluten Spitzen der Champagne.

Wem das alles zu kompliziert ist, der sollte sich für große Champagner-Namen vielleicht mit folgender Faustregel vertraut machen, die eigentlich immer weiterhilft und mit der man auch jeden Schampus-Smalltalk gut übersteht: Krug ist teuer, exklusiv und sehr gut, Bollinger ist wirklich gut, Billecart-Salmon ausgesprochen elegant und Salon sehr gereift und kräftig. Alle anderen stehen, um es mal ganz schonungslos auszudrücken, eine Stufe darunter.

Im Internet:
www.domperignon.com
www.taittinger.com
www.champagne-roederer.com
www.champagnedesousa.com
www.krug.com
www.champagne-bollinger.fr
www.champagne-billecart.fr

Der Club-Urlaub

Während der Begriff »Club« zumeist die Vorstellung von einer geschlossenen Gesellschaft feiner Herren weckt, die in holzvertäfelten Räumen bei einem Glas Whisky vor dem Kamin beisammensitzen, ist der Ferien-Club eine zutiefst anti-elitäre Einrichtung. Für ein paar hundert Euro pro Woche darf dort ohne Aufnahmeformalitäten wirklich jeder Mitglied werden, das Essen (»reichhaltige Buffets«) ist selbstverständlich inklusive. Wenn auch noch Bier, billige Weine und örtlicher Fusel im Preis enthalten sind, spricht man von All-Inclusive-Clubs. Sie sind leicht daran zu erkennen, dass die Gäste dort schon vormittags betrunken sind – wahrscheinlich wäre das Unterhaltungsprogramm der Animateure unter zwei Promille aber auch nicht auszuhalten.

Das Gegenmodell ist ein Club-Urlaub für Superreiche, den garantiert kein Reisebüro im Programm hat und für den es weder Frühbucherrabatte gibt noch Last-Minute-Angebote. Außerdem meinen es die Betreiber entsprechender Resorts durchaus ernst mit dem Wörtchen »Club«: Ohne Mitgliedschaft geht gar nichts. Und die ist – wir ahnen es – nicht ganz billig. Wer sich beispielsweise im »Yellowstone Club« erholen will, muss vorab erst einmal um die 250.000 Dollar Aufnahmegebühr zahlen; des Weiteren ist für die laufenden Kosten ein Jahresbeitrag von rund 20.000 Dollar fällig. Dafür wird den Gästen aber auch einiges mehr geboten als bei »Robinson« an der türkischen Riviera, nämlich insbesondere Ruhe und Abgeschiedenheit. Das 5500 Hektar große Club-Areal von »Yellowstone« liegt inmitten einer unberührten Berglandschaft des amerikanischen Bundesstaats Montana und verfügt neben zwanzig einzelnen Chalets und einer größeren Lodge noch über einen eigenen Golfplatz sowie über private Skilifte, an denen dank der insgesamt nur knapp 300 Mitglieder auch nicht mit Schlangenbildung zu rechnen ist. Einem Reporter des »Ski Magazine« wurde unlängst Einlass gewährt, der Mann berichtete hinterher ziemlich beeindruckt von »akribisch gepflegten Pisten und Loipen« wie in den allerbesten Skigebieten – nur eben ohne Menschenmassen. Und weil das Ganze in den Vereinigten Staaten spielt, ist natürlich auch für die Sicherheit gesorgt: Ein ehemals leitender Secret-Service-Officer des amerikanischen Präsidenten Gerald Ford kümmert sich darum, dass »Yellowstone Club«-Mitglieder wie Bill Gates oder Ex-Vize-Präsident Dan Quayle weder die Attacken von Bären noch von Terroristen fürchten müssen.

Der Gründer dieses exklusiven Ferien-Domizils heißt Tim Blixseth, ein agiler Endfünfziger, der es vom Holzhändler aus Oregon zum Immobilien-Milliardär gebracht hat. Das heutige Club-Gelände war ursprünglich nur als beschaulicher Rückzugsort für ihn selbst, seine Frau und die beiden Kinder gedacht, aber als Freunde ebenfalls Interesse am Mitmachen bekundeten, wurde das Projekt immer größer und bildet inzwischen sogar Ableger in der ganzen Welt: Mit dem »Yellowstone

Club World« schickt Tim Blixseth sich an, interessierten Milliardären auch jenseits der Rocky Mountains einen gepflegten Club-Urlaub zu ermöglichen – denn immer nur in den Bergen ist ja auch langweilig. Also begab er sich jüngst auf Einkaufs-Tour, umflog den Globus auf der Suche nach den schönsten Immobilien ein paar Mal im Privatjet und kehrte selten unverrichteter Dinge zurück. Zum Portfolio gehören mittlerweile: ein Golf-Parcours in Schottland, ein Schloss aus dem 14. Jahrhundert nahe Paris, ein weiteres Schloss in Irland, eine toskanische Villa, ein Strandgrundstück in Mexiko und eines zum Angeln in Alaska. Nicht zu vergessen die beiden neu erworbenen Sechzig-Meter-Yachten. Das alles wird derzeit milliardärstauglich auf Vordermann gebracht, Mitglieder des »Yellowstone Club World« sollen später einmal die freie Auswahl zwischen mindestens zehn Standorten und den beiden Schiffen haben. Auch für An- und Abreise wird gesorgt sein, drei Privatjets stehen während des ganzen Jahres zur Verfügung, müssen aber bei Inanspruchnahme extra gezahlt werden. Ansonsten ist die Nutzung der clubeigenen Ferienhäuser mit der Aufnahmegebühr von bis zu zehn Millionen Dollar und einem Jahresbeitrag von rund 60.000 Dollar abgegolten, nur die Verköstigung geht noch mal extra. Auf jeden Fall soll an jedem Standort so viel Platz sein, dass die Mitglieder sich auch bei voller Auslastung nicht über den Weg laufen – es sei denn, dies ist ausdrücklich erwünscht. Die ersten 25 Teilnehmer am »Yellowstone Club World« zahlen übrigens nur vier Millionen Dollar Aufnahmegebühr, was uns zeigt, dass es im Tourismus selbst auf allerhöchstem Niveau ganz ohne Frühbucherrabatte eben doch nicht funktioniert. Zumal auch auf diesem Markt durchaus Konkurrenz herrscht, »Yellowstone« ist nämlich mitnichten der einzige Anbieter von Club-Urlaub der Superlative. 80 Prozent des Geschäftes teilt sich das Unternehmen »Tanner & Haley« aus Connecticut mit »Exclusive Resorts«, das Steve Case, dem Mitbegründer von AOL, gehört. 15 Strand-Destinationen, acht Berghöfe und Residenzen in San Francisco, New York, London, Paris und Florenz stehen jedem Mitglied von »Exclusive Resorts« für 45 Tage im Jahr zur Verfügung, die Aufnahmegebühr liegt bei etwa 426.000 Dollar, der Jahresbeitrag bei rund 27.500 Dollar. Die »Legendary Retreats« von »Tanner & Haley« werben mit Anwesen auf Hawaii und in den österreichischen Bergen um Kunden, bei denen die Mitglieder in mindestens 7 Millionen Dollar teuren Einzelquartieren untergebracht sind. Dass die erforderlichen 1,5 Millionen Dollar Aufnahmegebühr zu happig seien, glaubt Rob McGrath, der Geschäftsführer dieses außergewöhnlichen Ferienanbieters, jedenfalls nicht: »Als wir 1998 ins Business eingestiegen sind, dachten wir, 100.000 Dollar seien die Grenze des Erträglichen. Heute verlangen wir mehr als eine Million – und die Nachfrage ist immer noch riesig.«

Im Internet:
www.yellowstoneclub.com
www.exclusiveresorts.com
www.tannerandhaley.com

Der Cognac

Manche Spirituosen machen erstaunliche Karrieren. Wer hätte zum Beispiel vor knapp zwanzig Jahren geglaubt, dass ausgerechnet der kreuzbiedere »Jägermeister« in den Vereinigten Staaten bald zum hippen Szene-Drink avancieren würde? Überhaupt scheinen sich die Amerikaner zumindest am Tresen um Imagefragen kaum zu scheren, denn vor einiger Zeit ist dem Cognac ein ähnlicher Überraschungserfolg geglückt: In Europa längst démodée, stößt der französische Weinbrand jenseits des Atlantiks insbesondere in der Hip-Hop-Gemeinde auf ungeteilte Zustimmung. Der Cognac-Industrie, die ihre Stammkundschaft bis dahin wohl eher in einem bürgerlich-hellhäutigen Milieu vermutet hatte, kommt das sehr gelegen, auch wenn es dem gehuldigten Hersteller Schmerzen bereiten dürfte, wenn Courvoisier neuerdings bevorzugt mit Coca-Cola verdünnt wird. Andererseits: Wer 40 Prozent seiner gesamten Produktion nach Amerika verkauft, der wird sich hüten, als blasierter Franzose durch die Bronx zu laufen und Nachhilfe in Sachen Cognac-Verkostung zu erteilen.

Zumal die Cognac-Brenner sehr wohl gemerkt haben dürften, dass sogar ihre eigenen Landsleute ein bisschen genervt waren von diesem ganzen undurchschaubaren Cognac-Regelwerk. Da gibt es also das Anbaugebiet mit sechs Lagen (Grande

Champagne, Petite Champagne, Borderies, Fins Bois, Bons Bois und Bois Ordinaires), die sich in mehr oder weniger konzentrischen Kreisen zwischen der Atlantikküste und den Ausläufern des Zentralmassivs um die Stadt Cognac gruppieren. Dass zwischen »großem Champagner« und »ordinärem Wald« ein Preis- und Klassenunterschied besteht, liegt auf der Hand. Hinzu kommt das Elend mit den Altersangaben: V.S. (»Very Special«) oder drei Sterne stehen für einen Cognac, dessen jüngstes Destillat mindestens zwei Jahre alt ist. V.S.O.P. (»Very Superior Old Pale«) beziehungsweise Réserve bezeichnen einen Cognac, dessen jüngstes Destillat mindestens vier Jahre alt ist. Und Napoléon, X.O. oder Hors d'âge sind Cognacs, deren jüngstes Destillat mindestens sechs Jahre alt ist. Darauf einen Dujardin!

Machen wir die Sache also nicht komplizierter, als sie ohnehin schon ist. Gebrannt wird das Ganze in zwei Durchgängen aus Grundweinen der Hauptrebsorten »Ugni Blanc«, »Folle Blanche« und »Colombard«. Hinterher lagert das Destillat teilweise jahrzehntelang in Eichenfässern, wo es den typischen »Rancio«-Geschmack entwickelt, bis schließlich der Kellermeister diverse Sorten unterschiedlicher Jahrgänge zu einem möglichst harmonischen Endprodukt verschneidet. Das ist in der Tat eine große Kunst, aber wenn sich im so genannten »Paradies«, wo die einzelnen Brände lagern, noch der eine oder andere Uralt-Tropfen auftreiben lässt, geht der Spaß erst richtig los. Dann werden Flüssigkeiten zusammengemischt, die jeden Alchimisten an seinem Beruf hätten verzweifeln lassen, denn Gold ist ein Dreck dagegen: Der Hennessy »Ellipse« etwa enthält die sieben besten Destillate der gesamten Firmengeschichte, darunter einen, der um das Jahr 1800 herum entstanden ist. Preis pro Flasche: rund 4.500 Euro. Rémy Martin schickt seinen »Louis VIII« ins Rennen, einen Verschnitt aus 1200 Cognacs im Alter zwischen 40 und 100 Jahren. Als Aromen kämen Jasmin, Sandelholz, Feige, Muskat, Vanille, Passionsfrucht und Ingwer zum Vorschein, berichtet jemand, der schon einmal vom »Louis VIII« gekostet hat, was gewiss kein alltägliches Vergnügen war, die Flasche kostet immerhin um die 1.300 Euro, in der diamantbesetzten Version sogar 8.000 Euro (was an der Aromatik allerdings nicht viel ändern dürfte). Auch Courvoisier und Martell haben mit dem »L'Esprit de Courvoisier« (rund 4.000 Euro) und dem »L'Art de Martell« (um die 3.000 Euro) Spitzen-Cognacs auf dem Markt, die wahrscheinlich sogar von Puff Daddy und Busta Rhymes nur bei ganz besonderen Gelegenheiten zu Cocktails verarbeitet werden.

Sollten Sie, werte Leser, noch nicht in den Hip-Hop-Charts vertreten sein und Ihren Cognac außerdem lieber pur trinken: Probieren Sie doch mal einen Maxime Trijol »XO« oder einen zwölf Jahre alten »Ragnaud Sabourin«, wirklich hervorragende Brände für weniger als 100 Euro. Allerdings ohne Diamanten auf der Flasche.

Im Internet:
www.maxime-trijol.com
www.ragnaud-sabourin.com

Die Dessous

Marlene Dietrich, so berichtet es deren Tochter Maria Riva, hatte schreckliche Brüste: »Sie hingen lasch und schlaff herunter«, was die Dietrich als ein furchtbares Handicap empfand, an dem sie jeden in ihrem Umkreis teilhaben ließ. »Unser erster Gang nach der Ankunft in einer neuen Stadt oder einem neuen Land führte uns immer in die Wäschegeschäfte. Vielleicht würden wir ja dieses Mal das magisch geschnittene Modell finden, das ihre, wie sie sich auszudrücken pflegte, ›hässlichen‹ Brüste in kesse, straffe Drüsen verwandelte, die sie sich so wünschte«, erinnert sich Maria Riva.

Probleme mit der Oberweite beseitigt heute zwar meistens der Schönheitschirurg, was aber nicht heißt, dass der technische Fortschritt vor Frauenunterwäsche Halt gemacht hätte – man denke nur an Wonder-Bras und Push-up-Slips. Wobei gerade bei solchen Stücken der Begriff »Wäsche« wegen seiner semantischen Nähe zu Tischwäsche oder Hauswäsche etwas deplatziert wirkt. »Dessous« klingt da schon viel fantasieanregender, irgendwie verruchter und überhaupt nicht hausmütterlich. Mit der Erfindung der Dessous gegen Ende des 19. Jahrhunderts erlangte die Wäsche vielmehr den Status eines Fetischs in einer frivolen Belle Epoque: »Die Aussteuer bereitet das Hochzeitsbett für die Brautleute; die Dessous dagegen bereiten das

Bett für das flotte Leben und die Bonvivants des Fin de Siècle – im einen ruht die holde Weiblichkeit, im anderen räkelt sich die Prostitution«, urteilt der französische Dessous-Experte Farid Chenoune.

Erstaunlicherweise haben sich Restbestände dieser leicht anrüchigen Rotlichthaftigkeit bis in unsere ohnehin durchsexualisierte Gegenwart erhalten. Anders ist nicht zu erklären, warum etwa das britische Dessous-Label »Agent Provocateur« mit einer gar nicht mal besonders einfallsreichen Boudoir-Vulgarität regelmäßig für mediale Erregung sorgt. Wenn Frauen wie Kate Moss oder Victoria Beckham mal wieder in die Klatschspalten wollen, brauchen sie nur mit einer Einkaufstüte von »Agent Provocateur« über die Straße zu gehen, und der Foto-Eintrag in einem Yellow-Press-Organ nebst säftelnder Bildunterschrift ist ihnen so gut wie sicher. In Deutschland gibt es »AP«-Dependancen in Berlin, München und Stuttgart.

Aber was tragen Frauen, denen der Sinn ausnahmsweise mal nicht nach Provokation steht, sondern nach Spitzen-Dessous im doppelten Sinn des Wortes? Diese Frage möge jetzt bitteschön jemand beantworten, der sich damit so gut auskennt wie Eva Gesine Baur, Autorin eines Dessous-Buchs und auch sonst den schönen Dingen des Lebens nicht abgewandt. »Für mich nach wie vor ›La Perla‹«, lautet Frau Baurs Diktum, »die Sachen erkenne ich blind.« Sie sei seit nunmehr 15 Jahren verheiratet, aber die Wäschestücke von »La Perla« aus der Zeit der Hochzeitsnacht seien immer noch makellos. Das spricht nicht nur für das Qualitätsbewusstsein des 1954 in Bologna als Korsett-Manufaktur gegründeten Dessous-Herstellers, dessen Höschen und BHs immer noch in Handarbeit entstehen (eine Kombination kostet mindestens 160 Euro), sondern mindestens ebenso für die Stabilität der Ehe und der Figur von Eva Gesine Baur.

Im Internet:

www.agentprovocateur.com

www.laperla.com

Das Feuerzeug

Wenn überhaupt irgendein Industriezweig von der aktuellen Rauchverbotswelle profitieren kann, müssten es eigentlich die Hersteller luxuriöser Feuerzeuge sein. Denn je mehr man als Tabakkonsument an den Rand der Gesellschaft gedrängt wird, desto dringlicher ist der Wunsch, seinem Laster mit ostentativer Grandezza zu frönen. Und da mit dem Verschwinden der Orient-Zigaretten die Rauchwaren an sich heutzutage kaum noch Sinnlichkeit und Glamour verheißen, bleibt ja bloß das Feuerzeug übrig. Wir sagen es an dieser Stelle ganz deutlich: Ja, das Ding darf ruhig ein bisschen protzig sein. Denn dann liegt es schön schwer in der Hand wie eine Waffe, und man kann sich damit fühlen wie ein Gentleman-Killer, der gerade eine großkalibrige Smith & Wesson gezogen hat. Um nichts anderes geht es schließlich: den gezielten Regelverstoß möglichst formvollendet zu begehen.

Die Frage, wie dies zu bewerkstelligen sei, lässt sich kurz und knapp auf die Alternative zwischen Frankreich und England reduzieren, präziser: Dupont oder Dunhill? Natürlich ist nur von den jeweils klassischen Modellen die Rede, also von den etwas mehr als streichholzschachtelgroßen »Ligne 1«-Feuerzeugen des Pariser Traditionshauses (ab 260 Euro) und den ebenfalls rechteckigen, aber schmaler und höher dimensionierten »Rollagas«-Flammenspendern der Londoner Konkurrenz (von rund 400 Euro an). Beide sind mit einem Klappdeckel und einer zylindrischen Drehwalze versehen, beide bewähren sich schon ein halbes Jahrhundert lang und sind von entsprechend robuster Konstitution. Dunhill ist die etwas wartungsintensivere Marke, aber deren »Rollagas« ist ja auch der schmächtigere Bursche – und das ist es gerade, was distinguierte Raucher an ihm so schätzen.

Ein Dupont dagegen ist die Rolex unter den Feuerzeugen: massiv, solide, kompromisslos und vor allem von hohem Wiedererkennungswert. Vielleicht ein bisschen angeberisch, weshalb man es dringend bei der silbernen Ausführung bewenden lassen sollte. Aber gleichzeitig schon wieder so herrlich unbekümmert-unzeitgemäß wie ein Sommerurlaub in St-Tropez. Da kommt ein verschüchtertes Dunhill einfach nicht gegen an, zumal der Dupont-Sound sowieso unübertrefflich ist: ein sattes, schnalzendes »Klock« beim Öffnen und ein leicht schnippisches »Plipp«, wenn der Deckel zurückschnellt. Wer je ein echtes Dupont sein Eigen nannte, wird jede Fälschung sofort am Klang erkennen.

Vielleicht noch ein Wort zum Thema »Zippo«: Stinkende Benzinfeuerzeuge sind zwar auch unzeitgemäß, aber leider auf eine sehr peinliche Weise. Ein »Zippo« ist etwas für Marlboro rauchende Mofafahrer, die davon träumen, auf einer Harley den Highway Nr.1 runterzubrettern. Lassen wir sie einfach in dem Glauben, sie seien cool.

Im Internet:
www.st-dupont.com
www.dunhill.com
www.zippo.com

Die First Class

An keinem Ort der Welt tritt die Klassengesellschaft derart unverblümt in Erscheinung wie hoch über den Wolken, und das auch noch auf engstem Raum. Während die Happy Few auf den vorderen paar Sitzen regelrechte Champagnerorgien feiern dürfen und von servilen Schönheitsköniginnen jederzeit mit erlesenen Spezialitäten versorgt werden, kann man im rückwärtigen Flugzeugteil erfahren, was Ressourcenknappheit wirklich bedeutet, daher wahrscheinlich auch der Name »Economy«: Es mangelt an allem, insbesondere an Platz sowie an menschenwürdiger Verpflegung. Erschwerend kommt hinzu, dass die Passagiere neuerdings nicht einmal mehr unbegrenzt mit Alkoholika ruhiggestellt werden, die sie das Schicksal vergessen lassen, zum hintersten Teil der Gesellschaft zu gehören. Denn Sedativa wie Whisky, Cognac oder Gin sind bei vielen Airlines mittlerweile kostenpflichtig, was natürlich das Budget des fliegenden Eco-Lumpenproletariats weit übersteigt. Da grenzt es eigentlich an ein Wunder, dass es an Bord nicht regelmäßig zu Revolten kommt, zumal die Klassen nur durch einen dünnen Stoffvorhang voneinander getrennt sind, der während des Starts und der Landung sogar zur Seite gezogen werden muss. Wahrscheinlich herrscht in diesen Momenten nur deswegen generelle Anschnallpflicht, um einen Aufstand des einfachen

Volks in Anbetracht von Völlerei und Prunksucht der Upper Class zu verhindern.

Besonders einige fernöstliche Fluggesellschaften sind dafür berühmt, es in ihrer Ersten Klasse so richtig krachen zu lassen – natürlich nur im übertragenen Sinne oder Bezug nehmend auf das Öffnen der Champagnerflaschen. Vielleicht liegt es daran, dass die Menschen in Fernost ein ausgesprochen unbekümmertes Verhältnis zu den Folgeerscheinungen des Kapitalismus haben, ebenso wie sie sich für Weine aus dem Abendland begeistern können. So auch bei Singapore Airlines, einer Fluggesellschaft, die regelmäßig die allerhöchsten Bewertungen für ihre First Class erhält. Die Weinkarte liest sich schon mal entsprechend: Zur Einstimmung hat man die Wahl zwischen Jahrgangs-Champagner von Dom Pérignon und der »Grande Cuvée« von Krug, passend zum eisgekühlten Kaviar aus dem Pariser Feinkosthaus Petrossian. Danach wird mit der klaren Hühnerbrühe ein 1999er Beaune Premier Cru von Bouchard Père et Fils gereicht oder ein »Ürziger Würzgarten« vom Mosel-Spitzenweingut Dr. Loosen. Und die gebratene Lende vom Neuseeland-Lamm kommt wahrscheinlich mit einem 1998er Château Gruaud-Larose noch besser zur Geltung.

Nach einer derartigen Verköstigung kann man seine Gäste natürlich nicht einfach sitzen lassen. Also verwandeln die »Singapore Girls« die knapp zwei Meter langen, mit Connolly-Leder bezogenen Sessel flugs in ein bequemes Bett. Und zwar in ein richtiges Bett mit Matratze, frischer Bettwäsche, Kopfkissen und Daunendecke, sogar ein Schlafanzug von Givenchy wird

gereicht. Nach der rund 6.800 Euro teuren (für Hin- und Rück-
flug) First-Class-Passage von Frankfurt nach Singapur stehen
am Zielflughafen weitere Annehmlichkeiten wie Duschkabinen
oder Massagestühle bereit. Überhaupt beginnt das Fliegen ja
am Boden, zumindest was den Service betrifft. Und da erstklassige Gäste an Bord unweigerlich diese beklemmende Nähe zu
den niederen Ständen ertragen müssen, ist es nur recht und billig, wenigstens vor dem Abheben ein bisschen Distanz zu schaffen.

In dieser Hinsicht ausgesprochen verdient gemacht hat sich
die deutsche Lufthansa, indem sie ihren Premium-Kunden am
Frankfurter Flughafen ein eigenes Terminal gebaut hat. Dort
steht jedem Besucher während der Dauer seines Aufenthalts
ein »Personal Assistant« zur Verfügung, es gibt ein Gourmet-
Restaurant, Badezimmer mit Badewannen, und für den Transport von der Lounge bis zum Jet hat man die Wahl zwischen
S-Klasse-Mercedes und einem Porsche Cayenne. Besonders angenehm ist allerdings die Tatsache, dass einem im First-Class-
Terminal die lästigen Behördengänge abgenommen werden:
Check-in und Zollformalitäten übernehmen Mitarbeiter der
Lufthansa, nur durch den Metalldetektor müssen die Fluggäste
noch selber gehen.

Mit dem neuen Großraum-Clipper von Airbus dürfte sogar
das Fliegen selbst in Zukunft noch komfortabler werden. Einige
Airlines wollen den A 380 in ein regelrechtes Luxushotel verwandeln – mit separaten Zimmern für die Passagiere der Ersten
Klasse. Dem stand bisher offenbar nur der Umstand entgegen,

dass sich die Stewardessen bei Start und Landung dann nicht mehr persönlich von der »upright position« der Sitze überzeugen können.

Im Internet:
www.singaporeair.com
www.lufthansa.com

Der Füllfederhalter

Früher war mal wieder alles einfacher, denn zu Schulzeiten gab es auf die Füllerfrage eigentlich nur zwei mögliche Antworten: Geha oder Pelikan. Wobei der Schriftsteller Max Goldt sogar so weit ging, diese Dichotomie sozusagen milieutheoretisch zu unterfüttern, indem er den Dreiklang »katholisch-Pelikan-Nesquik« beziehungsweise »evangelisch-Geha-Kaba« entwickelte. Aber mit zunehmendem Alter und steigendem Einkommen wächst zur Freude der Luxusgüterindustrie eben auch das menschliche Distinktionsbedürfnis und mithin der Wille, mittels Schreibgerät Auskunft über den sozialen Status zu geben. Dies fällt prima facie auch gar nicht schwer, zumindest, wenn man den bloßen Preis als Maßstab heranzieht.

Wer etwa 250.000 Euro für den Füllfederhalter »La Modernista Diamonds« vom Schweizer Unternehmen Caran d'Ache ausgibt, unterschreibt damit zumindest in der Regel nicht den Leasingvertrag für einen Renault Twingo, wie umgekehrt Helmut Kohl seine Memoiren auch nicht mit einem Werbe-Kuli von der PDS signiert. Allerdings muss man sich schon fragen, ob es sich bei einem mit 5.072 Diamanten und 96 Rubinen besetzten Füller noch um ein ernst zu nehmendes Schreibutensil handelt oder nicht vielmehr um eine völlig überteuerte Geschmacklosigkeit, an der allenfalls adilettentragende Ölmilliardäre in

GUS-Republiken Spaß haben. Zumal das gute Stück auch noch mit ganz gewöhnlichen Tintenpatronen betrieben wird. Tatsächlich fand sich der »La Modernista Diamonds« schon ein paar Mal im Guinness-Buch der Rekorde wieder – und zwar direkt neben dem zum Preis von mehr als 2,5 Millionen Euro teuersten Klosett der Welt.

Wenden wir uns also lieber stilvolleren Dingen zu. Das ist, nebenbei bemerkt, gar nicht so einfach, weil die Füllfederhalter-Industrie wie kaum eine andere Branche dazu neigt, allerlei kitschig-verspielte Sondereditionen auf den Markt zu werfen – meist in streng limitierter Auflage, was unter ästhetischen Gesichtspunkten der reine Segen ist. Eine goldene Feder hingegen muss beileibe kein Ausdruck von krankhafter Renommiersucht sein, eher schon von Kennerschaft: Je weicher das Material (und Gold ist eben elastischer als Stahl), desto leichter und beschwingter gleitet der Füller übers Papier. Ein Klassiker ist in dieser Hinsicht das berühmte »Meisterstück 149« von Montblanc. Diesem 1924 entwickelten Kolbenfüller schenkten schon ungezählte Staatsmänner – darunter auch John F. Kennedy – ihr Vertrauen, weshalb das Auswärtige Amt ihn stets in doppelter Ausführung bereitliegen hat. Eine platinveredelte, handgeschliffene und per Hand eingeschriebene Goldfeder ist ebenso Markenzeichen des knapp 600 Euro teuren »Meisterstücks« wie der elegant abgerundete Korpus aus schwarzem Edelharz, die »schneebedeckte« Kappe sowie die den Höhenmetern des Montblanc entsprechende Symbolzahl 4810.

Einige Feinschmecker unter den Füllerfreunden bevorzugen ihr Schreibgerät allerdings von Herstellern, die nicht wie Montblanc (Richemont) oder Omas (LVMH) zu den großen Luxuskonzernen gehören. Fast noch ein Geheimtipp ist da beispielsweise der kleine italienische Hersteller Ferrari da Varese aus der Nähe von Mailand. Das Familienunternehmen wurde zwar erst im Jahr 1979 gegründet, führt aber etwa mit dem 590 Euro teuren Füller aus Sterling und Horn einige Modelle im Programm, die durchaus das Zeug zum Klassiker haben.

Im Internet:

www.carandache.com

www.montblanc.com

www.omas.com

www.ferraridavarese.com

Der Fußball-Tisch

Früher standen die Dinger in Dorfkneipen rum, und nur die Profis hatten es raus, wie man die in ihrem Aktionsradius doch arg eingeschränkten, weil an Stangen befestigten Spielfiguren so in Bewegung versetzt, dass zumindest der Eindruck eines gezielten Forechecking entstand. Anfänger, Mädchen und Betrunkene begnügten sich hingegen meist damit, Stange und Männchen durch heftiges Drehen am Knauf einfach nur rotieren zu lassen, in der dumpfen Hoffnung, den einen oder anderen Zufallstreffer zu erzielen – eine Art »kick and rush« für Blöde. Irgendwann Anfang der neunziger Jahre ging es dann abwärts mit dem Tischfußball: Viele Wirte brauchten Platz für neumodische Elektro-Dart-Automaten, die alten Fußball-Tische wanderten auf den Müll oder, schlimmer noch, in die Pausenräume von Werbeagenturen, wo sie von Mittdreißigern in Helmut-Lang-Anzügen malträtiert wurden.

Diese ironische Reverenz an das Proletentum wäre noch viel glaubwürdiger gewesen, hätte es damals schon »Opus« gegeben, das knapp 34.000 Euro teure Tischfußball-Spiel in High-End-Qualität. Gefertigt wird der Rolls-Royce unter den Tischkickern seit einigen Monaten im Norden der Grafschaft Yorkshire, und zwar nur auf Bestellung. Dafür können die Auftraggeber aber auch das Material bestimmen; zur Auswahl stehen Eichenholz, Esche, Ahorn, Walnuss oder Mahagoni, das Gestänge stammt aus der Luftfahrtindustrie. Der eigentliche Reiz aber besteht in den Spielfiguren: keine gesichtslosen Männchen, sondern liebevoll gestaltete und handbemalte Miniaturausgaben von Weltklassekickern wie Eric Cantona, Edgar Davids oder Diego Maradona. Die Torhüter wiederum sind niemand anderes als Gordon Gunn und dessen Schwager Ben Shaw, die Inhaber der Manufaktur. Wer es gern noch etwas persönlicher hätte, kann natürlich auch sich selbst und seine Freunde in Auftrag geben: Dafür muss man den Herren Gunn und Shaw nur aussagekräftige Porträtaufnahmen schicken, eine digitale Fräse übernimmt dann den Rest und gestaltet aus Polyurethan die jeweiligen Häupter, welche auf die Aluminiumkörper der Spielfiguren geschraubt werden. Dieser Spaß kostet allerdings extra und schlägt mit knapp 1.500 Euro zu Buche – pro Kopf, versteht sich.

16 Wochen Arbeit stecken in jedem Exemplar des »Opus«, sieben Tische wurden bereits verkauft – ausschließlich an Männer, wie Gordon Gunn anmerkt. Und etliche Vorbestellungen sind schon eingegangen. Eigentlich hätten sie als Kundschaft fußballbegeisterte Prominente wie Elton John oder Robbie Williams gewinnen wollen, sagt Gunn, geordert wurde bisher aber nur von wohlhabenden Geschäftsleuten und Investmentbankern. Aber auch von diesen Herren kann man ganz gut leben.

Im Internet:
www.elevenforty.com

Das Glas

Nicht alles, was einem als Krönung der gehobenen Tafelkultur angeboten wird, hat seinen Platz auf dem Tisch des Herrn auch verdient. Und je länger man das reichhaltige Angebot an Kristall-, Bleikristall-, Gourmet-, Sommelier- und sonstigen Gläsern betrachtet, desto weniger transparent scheint das Geschäft mit standes- und anlassgemäßen Trinkgefäßen zu werden. Dies liegt vor allem daran, dass die österreichische Firma Riedel inzwischen offenbar für jede Rebsorte, für jedes Anbaugebiet und wahrscheinlich bald auch für jeden Jahrgang ein ganz spezielles Weinglas im Sortiment hat, welches bis dahin ungeahnte Aromen und Geschmacksnuancen zum Vorschein bringen soll. Da fragt sich der Amateurtrinker natürlich irgendwann, ob er ohne ein entsprechendes Riedel-Glas seinen Château Petrus nicht ebenso aus dem Nachttopf genießen könnte. Und ob die Menschen früher überhaupt irgendetwas geschmeckt haben, als sie ihren Wein noch aus reich verzierten, aber ja wohl völlig unzweckmäßigen Gläsern zu sich nahmen. Einen großen Vorteil hatte die Prä-Riedel-Ära allerdings: Man musste bei Tisch nicht unablässig den Wein im Glas umherschwenken, kennerhaft die Nase darüberhalten und in trauter Runde Verkostungsnotizen zum Besten geben – sondern hatte stattdessen die Möglichkeit, ganz normale Konversation zu betreiben.

Außerdem wirkt eine festlich gedeckte Tafel einfach besonders opulent, wenn bei dieser Gelegenheit die guten Stücke von Baccarat oder von Saint-Louis aus dem Schrank geholt werden. Diese beiden jahrhundertealten lothringischen Manufakturen sind bis heute der Inbegriff für französisches Bleikristall in seiner edelsten Ausführung, wobei Baccarat inzwischen mit einigen seiner Entwürfe deutliche Zugeständnisse an den Zeitgeist macht, während sich Saint-Louis noch stärker der Tradition verpflichtet fühlt. Gleichermaßen berühmt sind sie beide, insbesondere was den Schliff und die Optik angeht. Das wiederum hängt mit dem Grundmaterial zusammen, denn es ist ein vergleichsweise hoher Anteil an Bleioxyd, der den Gläsern (ab circa 75 Euro das Stück) nicht nur ihre außergewöhnliche Brillanz verleiht, sondern auch die zum Schleifen notwendige Weichheit.

Selbst passionierte Bierkrug-Stemmer dürften sich nicht unbeeindruckt davon zeigen, wenn solch ein Glas in allen Farben des Regenbogens funkelt und leuchtet, und wer sich ein bisschen mehr auskennt, der fährt mit der Fingerkuppe die Schliffkanten entlang: Nur wenn sie merklich scharf sind, spricht das für eine hohe Verarbeitungsqualität. Hinzu kommt die typische Bleikristall-Akustik: Ein leichtes Anschnippen genügt, und das Glas gibt einen hellen, klaren Klang von sich, der bis zu zwanzig Sekunden andauern kann. Um keine Missverständnisse aufkommen zu lassen: Dieser Klang-Test ist zwar eine lustige Sache, aber er sollte besser nicht vor versammelter Tischgesellschaft durchgeführt werden. Das ist nämlich ungefähr so deplatziert, als würde man plötzlich den Teller umdrehen, um das Porzellan des Gastgebers zu kommentieren. Dann eher noch eine langweilige Fachsimpelei über den Wein.

Im Internet:

www.baccarat.fr

Der Gürtel

Seltsam, dass Finanzminister jeglicher Couleur immer noch den »Gürtel enger schnallen« wollen, wenn sie nichts mehr zu verteilen haben – dabei ist doch gerade die Fettleibigkeit zum Erkennungsmerkmal der neuen Wohlstandsverlierer geworden. Sowieso taugt dieses Accessoire als Metapher überhaupt nicht, um finanzielle Impotenz zu beschreiben, denn unseren Urahnen diente der Gürtel unabhängig von ihrer Leibesfülle gewissermaßen als tragbarer Geldspeicher, an dem Beutel voller Dukaten, lieb gewonnene Jagdtrophäen oder auch nur allerlei erlegte Kleintiere baumelten. Wer sich einen Lederriemen um die Hüften schnallt, der steht also schon mal nicht nackt da und demonstrierte früher sogar fröhlichen Tatendrang, weil nämlich auch noch die Waffen daran befestigt wurden. Dass der Gürtel regelmäßig von Politikern in Misskredit gebracht wird, indem sie mit einer langweiligen Überforderungsrhetorik Rekurs auf das gute Stück nehmen, grenzt also an einen Skandal.

Immerhin: Viele Gürtel reagieren gelassen darauf und präsentieren sich wie zum Trotz mit einer beeindruckenden Flamboyanz. »Kieselstein-Cord« aus New York zum Beispiel ist berühmt für prächtige Schließen aus massivem Silber, die jedem Preisboxer zur Ehre gereichen würden: Archaisch wirkende Alligatoren, Drachen oder Fledermäuse halten zu Preisen zwischen 1.500 und 2.000 Dollar nicht nur die Hose auf Höhe, sondern sollen vor allem vom Herrschaftswillen ihrer Träger künden. Eigentlich wären solche dominanten Stücke der ideale Bauchschmuck für jeden Vorstandsvorsitzenden, aber leider verbietet sich in diesen Kreisen ein Auftritt als Conan, der Barbar. Stattdessen regiert in der Lendengegend meist die gepflegte Eintönigkeit und gilt ein brauner Gürtel zum dunkelblauen Anzug schon als italienisch-leichtfüßiger Versuch, der Konvention ein Schnippchen zu schlagen.

Was also tun, um diskret Akzente zu setzen? Hermès geht zwar immer, zeugt aber nicht gerade von großem Einfallsreichtum. Wer hingegen seine eigene Kreativität walten lassen möchte und beispielsweise einen zurückhaltend-dunklen Boxcalfleder-Gürtel mit neckischen roten Nähten akzentuieren will, ist in Mickaël Benarrochs Pariser Atelier »Duret« genau an der richtigen Adresse. Der gelernte Schuhmacher hat sich auf etwas spezialisiert, das im Französischen unter den wunderschönen Sammelbegriff »petite maroquinerie« fällt, womit kleine Lederwaren wie Portemonnaies, Aktentaschen und eben auch Gürtel gemeint sind. Alles ist von Hand genäht, das Leder – darunter auch Exotisches wie Haifisch, Alligator, Strauß oder Pythonschlange – stammt von den »Tanneries du Puy«, einer französischen Gerberei, die praktisch sämtliche großen Luxusgüterhersteller mit erstklassigen Häuten beliefert.

Bei »Duret« gibt es keine Dutzendware, denn Mickaël Benarroch ist Fachmann für Sonderanfertigungen und Maßarbeit. Wenn man für seine Lieblingsschuhe also mal wieder partout keinen passenden Gürtel findet – einfach einen Termin bei »Duret« vereinbaren, die Schuhe mitbringen, und in spätestens vier Wochen ist das Problem gelöst (Preise zwischen 350 und 700 Euro). Die Schließen aus poliertem Messing, gebürstetem beziehungsweise vergoldetem Nickel oder rhodiniertem Silber sind von klassisch-schlichter Form, weder angeberisch noch öde. Allerdings sollten die Träger eines »Duret«-Maßgürtels streng auf ihre Linie achten, denn im Gegensatz zu Konfektionsware mit fünf bis sechs Löchern haben Benarrochs Modelle immer nur deren drei.

Im Internet:
www.kieselstein-cord.com
www.duret-paris.com

Die Haarbürste

Dass das Schenken von Haar »eines der köstlichsten Liebes-spiele« sei, wie Flaubert einst bemerkte, mag einem aus heuti-ger Sicht etwas übertrieben erscheinen. Aber die Energie, mit der die Kosmetikindustrie ihre entsprechenden Pflegeprodukte bewirbt, macht doch deutlich, dass schönes Haupthaar nichts von seiner erotischen Strahlkraft eingebüßt hat. Nur behält man es dieser Tage eben lieber auf dem eigenen Kopf, und zwar idealerweise in ordentlichem Zustand. An dieser Stelle kommt die Bürste ins Spiel – ein Instrument, das in Zeiten von fließend Wasser, Anti-Schuppen-Shampoo und Kur-Spülungen meist lei-der nur noch zum bloßen Frisieren verwendet wird. Tatsächlich aber kann das Bürsten nicht nur die Haarwäsche ersetzen, es dient auch einer gesunden Kopfhaut und verschafft dem Haar mehr Glanz, indem die körpereigenen Fette bis in die Spitzen verteilt werden.

Das wiederum gelingt nur mit echten Qualitätsprodukten, und wer sich einigermaßen auskennt, verlangt nach Naturbors-ten. Haus- und Wildschwein sind dafür die klassischen Liefe-ranten, wobei Ersteres etwas verzärtelter ist, seine Borsten dem-entsprechend weicher als jene der undomestizierten Verwandt-schaft. Die britische Firma »Kent«, seit dem Jahr 1777 mit der Kunst des Bürstenherstellens befasst, verwendet traditionell so genannte Chungking-Borsten vom chinesischen Hausschwein, die als besonders langlebig gelten. Bei Preisen von mehr als 200 Euro je Bürste darf der Kunde aber nicht nur Haltbarkeit erwarten, sondern auch Handarbeit: Weil die einzelnen Borstenbüschel aus jeweils unterschiedlich langen Borsten bestehen sollten, um besser ins Haar zu greifen, ist handwerkliche Präzision gefragt.

Vom ersten Arbeitsschritt an gerechnet, kann es bis zu 540 Stunden dauern, bis eine echte »Kent«-Bürste die Manufaktur in Hemel Hempstead verlassen darf, wobei die Zeit zum Trocknen des Holzes mal großzügig mit eingerechnet wurde. Ausgeliefert werden die borstigen Meisterwerke in eleganten Kartons, die eher an Schmuckschatullen erinnern. Dass »the world's finest brushmaker«, wie »Kent« sich nicht ganz unbescheiden nennt, als ein Unternehmen mit leicht blasiertem Geschäftsgebaren gilt, muss man da wohl in Kauf nehmen.

Immerhin haben die Kentschen Facharbeiter schon König William IV. mit Zahnbürsten ausgestattet.

Im Internet:
www.kentbuersten.de

Der Handschuh

Am Handschuh lässt sich besonders gut erkennen, wie banal die Mode geworden ist. Spätestens seit der Krönung Kaiser Friedrichs II. im Jahre 1220 dienten reich bestickte Handschuhe als unverzichtbare Insignien der Macht, im Mittelalter traten nicht einmal Richter bei der Urteilsverkündung mit nackten Fingern vor die Delinquenten, und bis ins 17. Jahrhundert galt der verschenkte Handschuh als ein Zeichen untertäniger Respektbekundung. Wer seinem Gegenüber einen Handschuh allerdings achtlos vor die Füße warf oder gar durchs Gesinde überbringen ließ, verkehrte die Geste in ihr Gegenteil – dann standen die Zeichen auf Sturm und die eine oder andere Fehde in absehbarer Zeit auf der Tagesordnung.

Doch heute? Haben immerhin die Damen bei festlichen Abendveranstaltungen die Gelegenheit, ein Paar seidene, auf die Farbe des Kleides abgestimmte Ballhandschuhe über Hand und Unterarm zu streifen, während man als Mann wohl oder übel den Winter abwarten muss, um seine Finger einzukleiden. Dass Klimawandel und damit einhergehender Temperaturanstieg dem Handschuh demnächst auch noch seine Rolle als Funktions-Kleidungsstück für die kalten Tage streitig machen, ist bereits abzusehen – übrig blieben dann als Zielgruppe wohl nur noch Golfer und Einbrecher, nachdem irgendwann gegen

Ende der siebziger Jahre auch opelfahrende Rentner dem Auto-Handschuh Adieu gesagt haben, um das Lenkrad fortan barhändig zu umkrallen.

Das alles wäre sehr schade, denn mit dem Verschwinden des Handschuhs ginge unweigerlich ein Stück abendländischer Kultur verloren. Aber noch ist es gottlob nicht so weit, und solange eine Manufaktur wie »Lavabre Cadet« im südfranzösischen Örtchen Millau nicht ausschließlich damit befasst ist, Kostümfilme auszustatten, sondern immer noch die denkbar feinsten Handschuhe für den All- und Festtagsgebrauch herstellt, sehen wir künftigen Entwicklungen wenigstens nicht mit schwitzenden Fingern entgegen. Die kleine Handschuhmacherei wurde im Jahr 1946 von Francis Lavabre gegründet, dessen handwerkliches Geschick in Verbindung mit dem gestalterischen Talent seiner Frau Lucette zu einem ungeahnten Höhenflug führte. Dior, Chanel, Yves Saint Laurent oder Givenchy: In den sechziger Jahren wollte praktisch keiner der großen französischen Couturiers seine Models ohne die extravaganten Handschuhe von »Lavabre Cadet« auf den Laufsteg schicken. 1963 waren denn auch 82 Näher damit beschäftigt, Lavabres Entwürfe für ein exquisites Publikum von Hand zu fertigen. Vierzig Jahre später stand der mittlerweile auf eine Handvoll Mitarbeiter geschrumpfte Betrieb vor dem Ruin. Der aber konnte gerade noch mal abgewendet werden – dank dem beherzten Eingreifen des ehemaligen Mannequins Mary Beyer, die heute in der Verantwortung steht, und der finanziellen Unterstützung von Investoren wie Jean-Louis Costes, dem Namensgeber des berühmten Pariser Hotels. Spezialisiert hat sich »Lavabre Cadet« auf Handschuhe aus hochwertigen Tierhäuten von Nerzen, Chinchillas oder Pekaris genannten Nabelschweinen, das mit 800 Euro teuerste Paar ist aus Alligatorleder gefertigt. Es gibt aber schon Ziegenleder-Handschuhe von 120 Euro an. Maßarbeit kostet jeweils zwanzig Prozent Aufschlag, und dafür muss man nicht einmal in die Cevennen fahren, um sich in Millau vermessen zu lassen – einfach die Konturen der gespreizten Hand auf ein Blatt Papier zeichnen und zu »Lavabre Cadet« schicken. Ungefähr vier Wochen später haben die Finger dann ein neues und vor allem kultiviertes Zuhause gefunden, das sie so bald nicht mehr werden verlassen wollen.

Im Internet:
www.lavabrecadet.com

Die Handtasche

Im weiblichen Waffenarsenal entspricht die Handtasche in etwa einer Cruise Missile: Ihr Drohpotential ist gewaltig. Erinnert sei in diesem Zusammenhang nur an Margaret Thatchers robusten Politikstil, der auch als »handbagging« in die Geschichte einging. Auslöser für diese Wortschöpfung war jener spektakuläre Auftritt Thatchers während des EU-Gipfeltreffens 1984 auf Schloss Fontainebleau, als die Premierministerin den »Briten-Rabatt« durchsetzte (»I want my money back«), indem sie zornesrot den Kollegen Kohl und Mitterrand mit ihrer Handtasche vor der Nase herumwedelte. Seither wissen die Männer, dass sie vor diesem Accessoire auf der Hut sein sollten, weil sie ihm für gewöhnlich nichts Vergleichbares entgegenzusetzen haben. Chruschtschow musste deshalb bereits 1960 vor der UNO-Vollversammlung in einem ähnlichen Zustand der Erregung zum eigenen Schuh greifen, was seine Rede jedoch stark ins Komödiantische abgleiten ließ.

Auch unter betriebswirtschaftlichen Aspekten ist die Handtasche nicht zu unterschätzen, denn für die meisten Modemarken ist sie der Umsatzbringer schlechthin. Ob Dior, Gucci, Céline oder wie sie alle heißen: Ohne das florierende Accessoire-Geschäft, mit dem bis zu achtzig Prozent der Einnahmen bestritten werden, sähe es ganz schön trübe aus am sonst so güldenen Firmament der Luxusgüterindustrie. Deswegen wird seit einigen Jahren kaum noch ein Model ohne Handtasche über den Laufsteg geschickt, deswegen erscheint kaum noch eine handtaschenfreie Modeanzeige, und deswegen kann auch kein Designer es sich erlauben, der Handtasche nicht den gebührenden Respekt zu zollen. Die ganze Branche lebt praktisch von der Handtasche in den Mund, Haute Couture ist oft nur noch schmückendes Beiwerk.

Dafür gibt es gute Gründe. Zum Beispiel muss man nicht Kleidergröße 34 haben, um ein »It-Bag« spazieren zu tragen. Es braucht auch gar keinen besonderen Anlass: Als treueste Weggefährtin jeder Frau darf die Handtasche einfach überall mit hin, und zwar beruflich ebenso wie privat, ins Büro oder zum Ball, womöglich sogar ins Bett. Hinzu kommt: Eine Handtasche schmeichelt dem Markenbewusstsein mehr als jedes Abendkleid, denn wer erkennt schon auf den ersten Blick, ob es sich um eine Robe von Dior oder von Neckermann handelt. Handtaschen dagegen brauchen sich nicht zu schämen, wenn sie durch ein entsprechendes Emblem in Form einer Schnalle, einer Schließe, eines Aufdrucks oder einer Prägung der Umwelt umstandslos zu erkennen geben, aus welchem Stall sie stammen. Im Gegenteil: Das gehört sich fast so.

Natürlich hat die Lust am Label auch gewisse Nebenwirkungen. Je einprägsamer das Markenzeichen und je höher der Preis einer Original-Tasche, desto größer die Verlockung für Plagiateure. Man fragt sich ja mitunter, wie es wohl um das chinesische Bruttosozialprodukt bestellt wäre, wenn es Hersteller wie

Louis Vuitton nicht gäbe, ohne die der gesamten asiatischen Fälschungsindustrie die Geschäftsgrundlage fehlte. Aber davon mal abgesehen: Auch echte Handtaschen müssen millionenfach verkauft werden, damit bei Gucci und Konsorten der Laden rund läuft. Und da man schwerlich tausend und mehr Euro für eine Tasche verlangen kann, wenn diese sich nach ein paar Monaten in ihre Einzelteile auflöst, wird der Bedarf nach ständiger Erneuerung eben auf eine andere Weise generiert. Das sicherste Mittel ist wie immer die Mode: Eine Handtasche kann noch so stabil sein – Hauptsache, sie ist in der nächsten Saison out und wird durch das aktuelle Modell ersetzt. Um dieses Fashion-Diktat zu konterkarieren, bedienen sich intelligente Frauen eines simplen Handtaschenspielertricks und beschränken ihre Sammlung auf echte Klassiker, die vor zwanzig Jahren schon en vogue waren und es in weiteren zwanzig Jahren immer noch sein werden. Hier also die fünf besten Evergreens:

1. Die »2/55« von Chanel kam im Februar 1955 auf den Markt, daher der Name. Weil diese Stepptasche mit Kettenriemen in erster Linie funktionell sein sollte, wurde sie mit einer Klappe versehen, in deren Innenseite sich eine Reißverschlusstasche für Liebesbriefchen oder Eintrittskarten befindet. Praktisch sind ebenfalls die drei Ziehharmonikataschen im Inneren – ganz besonders die längliche für den Lippenstift. In den achtziger Jahren betätigte Karl Lagerfeld sich als Handtaschen-Tuner, indem er die »2/55« mit einem monumentalen »CC«-Logo auf der Vorderseite versah und den Kettenriemen verstärkte. Sie wird seither ständig modifiziert, aber davon

braucht sich keine Trägerin irritieren zu lassen: Eine »2/55« ist eine »2/55«, je älter, desto besser. Die klassische Version aus Lammleder kostet 1.800 Euro, der Preis variiert allerdings und ist, abhängig vom Material, nach oben offen.

2. Die »Kelly Bag« von Hermès ist mit Sicherheit die berühmteste Handtasche der Welt. Bereits um das Jahr 1930 herum wurde sie gewissermaßen als Miniaturversion einer Satteltasche hergestellt und in den Katalogen als »petit sac haut à courroies« vertrieben. Ihren weltweiten Erfolg – und ihren Namen – hat sie allerdings Grace Kelly zu verdanken, die solch ein Modell zur Verlobung von Fürst Rainier von Monaco bekommen hatte. 1956 erschien auf dem Titel der Zeitschrift »Life« ein Foto, das Grace Kelly zeigt, wie sie mit dieser Tasche ihre Schwangerschaft vor den Fotografen zu verbergen sucht – die Legende war geboren. Die »Kelly Bag« wird in 18 Stunden von einem einzigen Handwerksmeister hergestellt, es gibt sie in acht verschiedenen Größen. Die Preise beginnen bei 3.600 Euro für die kleinste Version in Kalbsleder und enden bei weit über 20.000 Euro für eine Kroko-Tasche. Trotz dieses stolzen Preises sind die Wartelisten lang.

3. Die »Birkin Bag« stammt ebenfalls aus dem Hause Hermès und hat ebenfalls eine Schauspielerin als Taufpatin: Hermès-Geschäftsführer Jean-Louis Dumas saß Anfang der achtziger Jahre im Flugzeug zufällig neben Jane Birkin, die ihr Handgepäck und ihre Bücher in einem Korb bei sich trug. Man kam ins Gespräch, in dessen Verlauf Jane Birkin den Wunsch nach einer besonders praktischen und weiten Tasche äußerte. Dumas

nahm die Anregung ernst und entwarf eine in Form und Details an die »haut à courroies« angelehnte Ledertasche. 1984 kam sie als »Birkin Bag« auf den Markt und macht seither der »Kelly Bag« Konkurrenz. Eine mittlere Größe aus Kalbsleder kostet rund 6.000 Euro, edlere Materialien treiben den Preis rapide in die Höhe.

4. Die »Bamboo Bag« von Gucci geht auf einen Entwurf aus den späten vierziger Jahren zurück. In der entbehrungsreichen Nachkriegszeit war Bambus eine günstige Alternative zum teuren Leder, und Gucci experimentierte mit diesem, aber auch mit anderen unkonventionellen Materialien wie Jute und Hanf. Das charakteristische Design der Tasche ist durch die Form eines Sattels inspiriert, ihre klare Linienführung entwickelte sich zu einem Stilsymbol von Gucci. Bis heute werden der Griff und die Schnalle aus Bambus nach traditioneller Weise in Handarbeit gefertigt, nämlich über einer Flamme gebogen und in Form gebracht. Zu Beginn ausschließlich in Leder hergestellt, fertigte Gucci die Tasche im Laufe der Zeit auch aus anderen Materialien. In den Sechzigern wurde sie in leuchtenden Stoffen angeboten, in den Siebzigern und Achtzigern in Lackleder und besonders wertvollen Lederarten. Einen legendenstiftenden Auftritt hatte die »Bamboo Bag« unter anderem 1966 an der Seite von Vanessa Redgrave in Michelangelo Antonionis Film »Blow Up«. Preise ab circa 1.850 Euro.

5. Die »Cabat« von Bottega Veneta ist eigentlich mehr eine Einkaufs- denn eine Handtasche, aber das schmälert ihren Grad an Exklusivität keineswegs. Sie hat ihre Ursprünge in den sech-

ziger Jahren, besteht aus vierlagig geflochtenem Leder und verzichtet als Gipfel des Understatement auf äußere Markenzeichen. Die Produktion ist angeblich auf 500 Stück pro Saison limitiert, der Einstiegspreis liegt bei rund 3.700 Euro und kann sich je nach verwendetem Material auf mehr als 70.000 Euro erhöhen. Besonders praktisch ist die »Cabat« für Picknicks: Zum einen, weil sich in ihr problemlos zwei Weinflaschen sowie etliche Hähnchenschenkel oder Sandwiches transportieren lassen. Zum anderen, weil man sie nach dem Essen einfach mit Jacken, Hemden oder Hosen ausstopfen und als bequemes Kissen verwenden kann.

Im Internet:
www.chanel.com
www.hermes.com
www.hermes.com
www.gucci.com
www.bottegaveneta.com

Das Handy

Vor langer Zeit, als sie noch massiv, erdenschwer und voll-verkabelt auf Schreibtischen thronten, waren Telefone echte Po-wer-Tools. Besonders afrikanische Potentaten ließen sich gern in staatsmännischer Pose mit einer Hand am Hörer abbilden, wie ein Blick in Peter Yorks Bildband »Zu Besuch bei Diktatoren« zeigt: Mobutu verfügte über gleich zwei Geräte in der Farbe Grau, sein Kollege Idi Amin benutzte ein rotes Telefon, das allerdings schon in den siebziger Jahren anstatt mit einer Wähl-scheibe mit einer modernen Tastatur ausgestattet war. In der Ikonographie dieser sehr gestellt und offiziell wirkenden Auf-nahmen symbolisiert das Telefon gewissermaßen einen Macht-Apparat mit dem kurzen Draht nach Moskau, Paris oder Was-hington.

Heute käme kaum noch jemand auf die Idee, Einfluss, Kom-petenz oder Wohlstand ausgerechnet mit einem Telefon zum Ausdruck zu bringen – von Personen mit entsprechendem Mi-grationshintergrund mal abgesehen. Im Gegenteil ist es unter Snobs chic geworden, bei jeder sich bietenden Gelegenheit (gern auch fernmündlich) über die ständige Erreichbarkeit zu klagen und deshalb so zu tun, als besitze man überhaupt kein Handy. Erstaunlicherweise sind genau diese Leute oft die größ-ten Quasselstrippen. Wie dem auch sei, Mobiltelefone sind in besseren Kreisen als Gesprächsthema und Statussymbol ungefähr so geeignet wie elektrische Zahnbürsten oder Epiliergeräte: Man benutzt sie zwar, macht aber keinen Zirkus deswegen.

Umso erstaunlicher, dass der finnische Hersteller Nokia über seine Tochterfirma Vertu schon seit Jahren offenbar mit Erfolg Luxus-Handys auf den Markt bringt, die einerseits für den Capo einer türkischen Jugendgang viel zu teuer, andererseits für jeden halbwegs stilsicheren Besserverdiener viel zu peinlich sind. Beim »Signature Diamond Collection« beispielsweise handelt es sich um ein mit rund 1.140 kleinen Diamanten besetztes Handy aus Weißgold zum Preis von 65.000 Euro – Kaiser Bokassa hätte seine helle Freude daran gehabt. Aber wir wollen hier nicht übertreiben, das klassische Vertu »Ascent« (rund 4.100 Euro) ohne Brillis ist wirklich elegant und liegt mit seinem Gehäuse aus einer Liquidmetall-Legierung auch angenehm schwer in der Hand. Dabei rechtfertigt den vergleichsweise hohen Preis allein schon die Tatsache, dass man mit einem in britischer Handarbeit gefertigten Vertu eigentlich nur telefonieren kann: Alle übrigen Funktionen wie Fotografie, Videospiele, Eierkochen und was andere Handys inzwischen sonst noch alles können, wurden der Einfachheit halber ausgemerzt. Da fällt es auch nicht weiter ins Gewicht, dass die auf Rubinen gelagerte Tastatur mit dem angeblich »perfekten Klick« beim Praxistest der Fachzeitschrift »Connect« keine so richtige Begeisterung auslöste: »Nur wenn der Nutzer sehr stark drückt, geben die Tasten ein spürbares Feedback und ein sicheres Ge fühl bei der Bedienung«, hieß es da. Ebenfalls moniert wurden der mäßige Empfang, eine schwache Ausdauer sowie die ungleichmäßige Display-Beleuchtung. Immerhin besteht dafür die Möglichkeit, per Knopfdruck rund um die Uhr die Verbindung zum »Vertu Concierge Service« herzustellen, einem laut Firmenauskunft »engagierten Team aus Lifestyle-Managern, die Ihnen helfen, Ihre kostbare Freizeit optimal zu nutzen.« Außerdem sorgt ein hochwertiger Lautsprecher für einen richtig fetten Klingelton. Voll krass, ey!

Im Internet:
www.vertu.com

Der Hausschuh

Nichts gegen Gemütlichkeit, ganz ehrlich! Und wenn Sie das nächste Länderspiel mal wieder im Trainingsanzug vom Sofa aus verfolgen – von hier aus kein böses Wort darüber. Erdnussflips dazu? Sind wahrscheinlich weniger cholesterinhaltig als Gänseleberpastete. Ein gepflegtes Bierchen aus der Flasche geht auch okay, solange man es nur nicht nach Berliner Sitte kurz nach dem Aufstehen am frühen Nachmittag auf dem Weg zum nächsten Bäcker runterkippt. Jeder sollte doch selbst am besten wissen, wie er sich in den eigenen vier Wänden am wohlsten fühlt. Nur wenn Besuch kommt, heißt es bisweilen: Obacht! Das hätte auch Guido Westerwelle besser mal beherzigt, als er eines Tages einen »Spiegel«-Reporter zur Homestory empfing. Denn da hatte er – ganz der joviale Typ von nebenan – Noppensocken an den Füßen. Und bei solchen Gelegenheiten Noppensocken zu tragen, das ist ungefähr so, als würde Angela Merkel eine Soiree in Kittelschürze mit Lockenwicklern im Haar geben. Besonders staatstragend wirkt es jedenfalls nicht.

Zugegeben: Hausschuhe leiden unter einem allgemeinen Spießigkeitsverdacht, woran insbesondere die Cordsamt-Schlappen für Männer sowie ihr weibliches Pendant, die Damen-Pantolette »Capri« aus dem Hause »Romika« mit ihrem dezenten Keilabsatz, nicht ganz unschuldig sind. Andererseits: Ist es nicht souveräner, sein Image offensiv zu pflegen? Schließlich war auch Helmut Kohl trotz der berühmten Strickjacke 16 Jahre lang Bundeskanzler. Außerdem ist es ja nicht so, dass die Pantoffel-Branche dem distinguierten Salonlöwen nichts zu bieten hätte: Die englische Firma »Bowhill & Elliott« beispielsweise fertigt sehr aparte Slipper aus Samt an, die teilweise sogar mit silbernen Lilien oder gar einer Krone verziert sind (zirka 200 Euro). Nun mag man einwenden, dass sich demokratisch gewählte Politiker nicht ausgerechnet mit königlichen Insignien schmücken sollten, selbst wenn es nur deren untere Extremitäten betrifft. Aber auch für diese Klientel existiert das passende Hausschuhwerk. Es stammt ebenfalls aus Großbritannien, und zwar von der renommierten Manufaktur »Church's«: ein aus handschuhweichem Nappa-Leder gearbeiteter Puschen namens »Air Travel« (zirka 165 Euro). Das Modell ist von zeitloser Schlichtheit, wird – seinem Namen entsprechend – in einem praktischen Reise-Etui verkauft und von Kennern besonders während längerer Flugreisen geschätzt. Für Möchtegern-Außenminister wie Guido Westerwelle also genau das richtige Fashion-Statement.

Im Internet:
www.bowhillandelliott.co.uk
www.church-footwear.com

Das Hemd

Lassen sich Hemden besser an den Mann bringen, wenn der Verkäufer rote Schuhe trägt? Auf jeden Fall! Wer daran zweifelt, möge doch einfach mal Herrn Ignatious Joseph aus Düsseldorf fragen. Der gebürtige Sri Lanker hat nämlich sehr genau erkannt, dass man schon ein bisschen aus der Reihe tanzen muss, um sich mit dem Allerweltsartikel »Oberhemd« ins Gespräch zu bringen. Und da »Ign. Joseph«, wie der Selfmademan in diskreter Abbreviatur auf seinen Kleidungsstücken firmiert, weder über einen bekannten Namen noch eine eigene Fabrikationsstätte verfügte, als er Ende der neunziger Jahre ins Hemden-Business einstieg, hat er sich eben als persönliches Markenzeichen die roten Schuhe zugelegt. Darin klappert er mit bewundernswerter Chuzpe seit Jahren Nobelkonfektionäre auf der ganzen Welt ab und macht ihnen seine ziemlich bunten Hemden als High-End-Ware schmackhaft. Mit erstaunlichem Erfolg: »Ign. Joseph« gilt mittlerweile dank freundlicher Unterstützung diverser Lifestyle-Magazine insbesondere bei leitenden Angestellten aus dem Banken- und Versicherungsgewerbe als really posh. Sind diese Hemden ihren Preis wert? Sagen wir es mal so: Es handelt sich um wirklich ordentlich gemachte Stücke aus Schweizer Fabrikation. Wer es schafft, 200 Euro dafür zu verlangen, ist ein Marketing-Genie und hat das Geld allemal verdient.

Wahre Hemden-Kenner haben für so etwas nur ein Lächeln übrig und schwören lieber auf das Kiton-Hemd aus Neapel – auch wenn sie die einzelnen Unterscheidungsmerkmale gar nicht genau benennen können. Wohl aber spüren: Ein Kiton-Hemd ist federleicht, extrem weich und macht vor allem jede Bewegung mit. Kurzum: Es umschmiegt den Körper wie ein sommerlicher Lufthauch. Wobei die Betonung auf »sommerlich« liegt, denn unter so einem Hemd kann es wegen der zwar extrem feinen, aber eben auch sehr dicht gewebten Baumwollqualität ganz schön warm werden. Bei erhöhten Außentemperaturen empfiehlt sich deshalb unbedingt ein Exemplar mit hohem Leinenanteil oder zumindest ein verlässliches Deodorant.

Woher aber rührt das unbeschwerte Tragegefühl? Zum einen natürlich daher, dass wie bei einem guten Anzug die Einlagen (beim Hemd an Kragen und Manschetten) nicht geklebt sind, sondern lose darin unterkommen. Zum anderen werden die einzelnen Bestandteile eines Kiton-Hemdes im zweiten Durchgang tatsächlich noch von Hand zusammengenäht – längst nicht so fest und so eng wie von einer Maschine und im Ergebnis entsprechend flexibler. Während viele andere Hemden Bewegungsfreiheit gewähren, indem sie beispielsweise durch zu breite Schulterpartien einen Spielraum lassen, passt sich ein hervorragendes Hemd voll und ganz der Motorik seines Trägers an. Maßarbeit ist deshalb eigentlich nur erforderlich, wenn die menschliche Statur deutlich von der Norm abweicht, um hier auch mal eine schöne Umschreibung für Adipositas unterzubringen. Bei Kiton kosten Sonderanfertigungen jedenfalls 15 bis

20 Prozent Aufschlag, was eigentlich ziemlich fair ist. Allerdings liegt der Grundpreis für ein einfaches Baumwollhemd schon bei rund 300 Euro, und das ist dann wirklich das Einstiegsmodell.

Auf ein paar Details wird man deswegen auch noch Wert legen dürfen: Die Perlmutt-Knöpfe sind bei Kiton im Lilienstich von Hand angenäht, was hübsch aussieht und länger hält. Die Knopflöcher sind ebenfalls von Hand genäht, was beim genauen Hinsehen nicht ganz so hübsch, sondern eher etwas unregelmäßig aussieht und auch nicht unbedingt länger hält. Aber der Kenner weiß dann halt Bescheid. Wichtiger ist der Kragen, der nicht aus einem einzigen Stück besteht, sondern der besseren Passform wegen aus zwei Teilen. So kann man sich jederzeit bequem umschauen, ob einem auch nicht der Mann mit den roten Schuhen auf den Fersen ist.

Im Internet:
www.kiton.it
www.ign-joseph.com

Der Herrenschuh

Wahr ist, dass eine Frau in ihrem Leben ungefähr zehnmal so viele Schuhe kauft wie ein (heterosexueller) Mann. Zutreffend ist ebenfalls, dass trotz der teilweise abenteuerlichen Formen- und Farbenvielfalt im weiblichen Schuhschrank kein Anlass zu gering wäre, um nicht als Vorwand zum Erwerb eines zusätzlichen Paares zu dienen. Unstrittig ist ferner, dass High-Heels sehr sexy sein können, während sich die erotische Strahlkraft eines Herrenschuhs mit Budapester Muster in überschaubaren Grenzen hält. Unwahr jedoch ist, dass Männer grundsätzlich kein Interesse an Schuhwerk haben – es gibt sogar regelrechte Aficionados, gegen die eine Carrie Bradshaw aus »Sex and the City« geradezu lustlos wirkt. Sie scheren sich allerdings wenig um modische Spielereien, sondern vielmehr um technische Fragen wie Verarbeitung, Materialeinsatz oder Langlebigkeit. Internet-Foren, etwa www.dailyshoes.de, bieten Raum für endlose Diskussionen über Leisten, Leder, Polituren und Schnürsenkel, es werden Erfahrungsberichte über Maßschuhmacher oder die Qualifikation von Schuhverkäufern ausgetauscht und Einkaufstipps für die nächste Reise nach Wien oder London gehandelt – das Ganze mit einer Hingabe, wie Frauen sie kaum zur Analyse zwischenmenschlicher Beziehungen aufbringen. Kurzum: Herrenschuhe erfordern eine ernsthafte Auseinandersetzung, für Damenschuhe genügt oft eine flatterhafte Begeisterung.

Die Debatte beginnt bei der Frage: Maßarbeit oder Konfektion? Und da gilt es zunächst einmal die Legende aus der Welt zu schaffen, wonach maßgefertigte Schuhe grundsätzlich besser seien als ein in Serie hergestelltes Paar: Ein Schuhmacher, der seinen Lebensunterhalt überwiegend mit Reparaturen bestreitet und jedes Jahr vielleicht zwei oder drei Paar Maßschuhe baut, liefert nicht unbedingt ein besseres Ergebnis ab als eine gute Manufaktur für konfektionierte Ware. Der Vorteil besteht allenfalls in der optimalen Passform, wovon insbesondere Kunden profitieren, deren Physiognomie nicht der gängigen Norm entspricht. Konfektionsschuhe wiederum werden gekauft wie besehen, sodass einem manche böse Überraschung erspart bleibt, wenn etwa das sündhaft teure Paar Maßschuhe nach mehrmonatiger Wartezeit an den eigenen Füßen gar nicht so schön aussieht, wie man es sich beim Ausmessen vorgestellt hat. Aber die Faszination, auf Unikaten durchs Leben zu gehen, für die sich ein Meister seines Faches gut und gern vierzig bis fünfzig Stunden Zeit genommen hat, lässt jeden vernünftigen Einwand schnell verblassen. Zudem ist bei richtig guten Maßschuhen allein schon das Leder derart hochwertig und teuer, dass kein Industriebetrieb je damit arbeiten würde. Außerdem sind individuell gefertigte Schuhe insofern langlebiger, als ihr Konstrukteur jedes Detail daran so genau kennt, dass jegliche Reparatur wirklich solide ist und nicht bloße Flickschusterei. Tatsächlich sollten nämlich auch bei Maßschuhen die Sohlen nach etwa zwei Jahren erneuert werden, wobei das problemlos zwei- bis dreimal geschehen kann, bevor ein neuer Rahmen (so heißt das Verbindungselement zwischen Sohle und Oberteil) aufgenäht werden muss.

Wer sich ein Paar Maßschuhe anfertigen lassen will, wird zuallererst entscheiden müssen, ob er die britische oder die österreichisch-ungarische Machart bevorzugt. Die Herstellungstechnik ist zwar beinahe identisch, aber die kontinentalen Modelle fallen in der Regel kräftiger, voluminöser und robuster aus als jene von der Insel. Der klassische englische »Town-Shoe« wirkt hingegen leichter und filigraner, verfügt über einen ziemlich kleinen Absatz und ein eher schmales »Gelenk«, wie der Bereich zwischen Absatz und Ballen genannt wird. In dieser Richtung einzigartig sind natürlich die Unikate aus dem Hause »John Lobb Ltd.« in London, das leider allzu oft verwechselt wird mit der Firma »John Lobb Bootmaker«. Letztere ist jedoch auf hochwertige Konfektionsware spezialisiert und gehört zum Luxusimperium von Hermès, das einst die Markenrechte vom Londoner Stammhaus übernommen hat. Dieses wiederum befindet sich an der St. James's Street 9 und gilt bis heute als die Krönung der britischen Schuhmacherkunst. Gegründet wurde es 1849 vom damals zwanzig Jahre alten John Lobb aus Cornwall, der sich aufgrund seiner exzellenten Arbeit schon bald königlicher Hoflieferant nennen durfte. Berühmt ist die Sammlung an Leisten, auf denen Schuhe für Kunden wie Winston Churchill, Charles de Gaulle oder Gregory Peck gefertigt wurden, berühmt ist vor allem aber die Vorderkappe eines echten

Lobb: weder eckig noch spitz oder rund, sondern perfekt konisch gewölbt. Und solange das Unternehmen wie heute mit John Hunter Lobb von einem Nachfahren des Gründers geführt wird, dürfte sich daran auch nichts ändern.

Wie in der Maßschuhmacherei nicht ganz unüblich, entsteht freilich »a pair of Lobb's« (die Preise beginnen bei knapp 2.100 Pfund) nur zum geringsten Teil in eigenen Werkstätten, sondern an den Arbeitstischen ausgewählter Sub-Handwerker, die auf bestimmte Arbeitsschritte spezialisiert sind. Der Leistenbauer trägt dabei eine besonders große Verantwortung, weil jeder Fehler am Leisten sich auch im Schuh wiederfindet, woran nachträgliche Änderungen im Gegensatz zur Maßschneiderei praktisch nicht mehr möglich sind. Und wenn sich überhaupt ein deutscher Schuhmacher rühmen darf, auf diesem Gebiet den hohen Anforderungen von John Lobb gerecht zu werden, dann gebührt diese Ehre keinem anderen als Benjamin Klemann vom Gut Basthorst bei Hamburg: Der hat sich nämlich in jungen Jahren selbst als Zuarbeiter für das Londoner Schuhhaus verdient gemacht und kann seinem einstigen Arbeitgeber in Sachen Qualität durchaus das Wasser reichen. Bei den Preisen gilt das zum Glück noch nicht: Ein Paar Klemann-Schuhe gibt es von 1.800 Euro an.

Das, wenn man so will, Wiener Pendant zu John Lobb heißt Rudolf Scheer & Söhne, sesshaft an der Bräunerstraße 4. Schon Kaiser Franz Joseph ließ sich hier sein Schuhwerk anfertigen, der k.u.k.-Schuhmacher kam sogar zu literarischen Ehren: »Der Professor hat sich vorige Woche, einen Tag vor dem Unglück, noch Schuhe anmessen lassen beim Scheer«, heißt es in Thomas Bernhards Drama »Heldenplatz«. Wer je das Geschäft betreten sollte (aber bitte erst nach Voranmeldung), fühlt sich in das Wien des ausgehenden 19. Jahrhunderts zurückversetzt: In einer alten Eichenvitrine befinden sich die Leisten längst verblichener Stammkunden, die knarrende Treppe hinauf gelangt man durch einen Samtvorhang ins Anpassungszimmer, dessen komplettes Interieur seit hundert Jahren unverändert scheint. Und so sind auch die Schuhe und Stiefel von Scheer: wie aus einer anderen, einer besseren Welt. Bei Preisen von rund 4.000 Euro je Paar ist allerdings auch dieser Kosmos nur einem sehr solventen Publikum vorbehalten.

Im Internet:
www.johnlobbltd.co.uk
www.klemann-shoes.com
www.scheer.at
www.saint-crispins.com

Weitere Spitzenadressen für Maßschuhe:
Foster & Son, 83 Jermyn Street, London
George Cleverley, 28 Old Bond Street, London
        (www.gjcleverley.co.uk)
Georg Materna, Mahlerstraße 5, Wien
St. Crispin's, Van der Nüll Gasse 61, Wien
Berluti, 26 Rue Marbeuf, Paris
        (www.berluti.com)

Der High-Heel

Physiker der Universität Surrey in England haben vor einigen Jahren eine komplizierte Formel entwickelt, mit der sich die perfekte Absatzhöhe für Schuhe errechnen lässt. Als Variablen dienen unter anderen: Anzahl der Jahre, die eine Frau schon hohe Absätze trägt, Schuhgröße, Preis der Schuhe und voraussichtlicher Alkoholisierungsgrad. Frauen selbst waren an diesem Stiletto-Forschungsprojekt ganz offensichtlich nicht beteiligt, denn die entscheidenden Faktoren zur Bestimmung der idealen Absatzhöhe sind nicht genannt. Zum Beispiel die Frage, ob eine Trägerin in ihren Schuhen Männer abschleppen oder bloß die kleine Tochter zum Kindergeburtstag bringen will. Und natürlich müsste auch ein Faktor für die Verarbeitungsqualität eines High-Heels gefunden werden, weil Absatz eben nicht gleich Absatz ist. Bei gleicher Höhe können die Komfortunterschiede gewaltig sein, was wiederum von der Konstruktion abhängt: Sind die Nähte so sauber verarbeitet, dass sie nicht ins Fleisch schneiden? Wird der Ballen richtig abgefedert? Passt sich der Leisten dem Fuß an? Gerade weil High-Heels aus orthopädischer Sicht wie Folterinstrumente wirken, besteht die Kunst eines Schuhmachers darin, es die Damen nicht auch noch spüren zu lassen. Männliche Kenner sprechen in diesem Zusammenhang von der »Begehbarkeit« eines Schuhs, während

»Vogue«-Redakteurinnen Stein und Fersenbein schwören, in hochwertigen Stilettos problemlos den täglichen Bürojob zu überstehen und anschließend sogar noch jeden Cocktailempfang. Disziplin ist dennoch erforderlich, denn große Sprünge sind in hochhackigem Schuhwerk grundsätzlich nicht möglich – aber die werden von Frauen ja auch gar nicht erwartet.

Dafür umso mehr: gepflegte Füße, ein eleganter Gang sowie die unbedingte Bereitschaft, notfalls auch das halbe Monatseinkommen für ein Modell aus der neuesten Kollektion auszugeben. Und zwar nicht mal einfach so, ganz spontan, von Zeit zu Zeit, aus Lust und Laune. Sondern mit eiserner Konsequenz immer wieder, mindestens fünf Mal während jeder Saison. Wir sagen es hier ausdrücklich: 600 Euro für ein Paar High-Heels sind gut angelegtes Schmerzensgeld, denn bei allen preiswerteren Exemplaren fängt es nach dem Kauf an wehzutun. Um eine mittelfristige Investition handelt es sich deswegen noch lange nicht: Nichts ist älter als die Meinung von gestern und der Stiletto vom Vorjahr.

Moden kommen und gehen, viele Designer erst recht. Soll man sich deswegen überhaupt die Mühe machen, einzelne von ihnen herauszuheben? Aber ja! Nachfolgend also eine Liste von Schuhschöpfern, die ihr Handwerk wirklich verstehen und mit Sicherheit auch noch in Zukunft für den richtigen Auftritt der Frau von Welt sorgen werden.

Manolo Blahnik ist zugegebenermaßen ein ziemlich alter Puschen und lockt nun wirklich keine Fashionista mehr aus dem

Pediküerestuhl heraus. Aber weil der gebürtige Spanier es mit der Fernsehserie »Sex and the City« geschafft hat, auch bei deutschen Grundschullehrerinnen als Inbegriff von New-York-Glam zu gelten, ist ihm ein Ehrenplatz im High-Heel-Himmel sicher. Klassischer Luxus für »Bergdorf Blondes«.

Christian Louboutin ist der neue Liebling der Stars und Starlets – unter anderem, weil seine Schuhe auch für Laien leicht an der roten Sohle zu erkennen sind. Wegen der stolzen Absatzhöhen kein High-Heel für Anfängerinnen. Sehr feminin, aber nicht übertrieben sexy. Könnte auch Sabine Christiansen noch tragen.

Roger Vivier ist zwar schon 1998 verstorben, doch zumindest sein Name ist wiederauferstanden, nachdem »Tod's« sich die Markenrechte gesichert hat. Die Königin von England, Marlene Dietrich und Sophia Loren trugen seine Entwürfe, nun ist Bruno Frisoni als Designer in Viviers Fußstapfen getreten. Sehr hohes Prestige, der Schuh für die Haute Couture.

Pierre Hardy hat sich vor allem um die Rückkehr des Keilabsatzes verdient gemacht, aber auch seine High-Heels sorgen für Entzücken zwischen Paris und Hollywood. Hardy, der nebenbei die Accessoires für Balenciaga designt, ist der Futurist unter den Schuhkünstlern und wird deswegen besonders von Moderedakteurinnen geschätzt.

Azzedine Alaïa ist der wichtigste Newcomer unter den Schuh-designern, obwohl er sich schon seit den fünfziger Jahren in der Modebranche tummelt und unter anderen bereits für Dior, Guy Laroche und Charles Jourdan entwarf. Die Modelle von Alaïa sind sehr provokant und exzentrisch; die Kollektionen des 1940 in Tunesien geborenen Bauernsohnes werden noch große Erfol-ge feiern.

Renè Caovilla steht für italienische Opulenz, seine High-Heels sind fast immer mit Kristallen, Perlen oder Blumen verziert und bestechen durch eine faszinierende Detailarbeit. Von der An-mutung her dennoch eher konservativ, der ideale Schuh für den großen Auftritt im Abendkleid.

Jimmy Choo behält bei seinen Entwürfen immer noch die klas-sische Sexyness der späten neunziger Jahre bei, weshalb er in der Branche als nicht mehr besonders edgy gilt. Aber er gehört halt einfach dazu, ähnlich wie Manolo Blahnik. Und zumindest qualitativ laufen seine Schuhe immer noch in der ersten Reihe mit.

Die Hochzeit

Hochzeiten sind unglaublich problematische Veranstaltungen. Das beginnt mit der Frage, wen man überhaupt zur Frau oder zum Mann nehmen soll. Dann: kirchliche Trauung oder doch nur Standesamt? Wer übernimmt das Geschenke-Management? Was gibt es zu essen? Live-Musik oder DJ? Wer wird eingeladen? (Bei Eheschließungen stehen die Gastgeber ja vor der heiklen Situation eines groß angelegten Zusammentreffens von Freundes- und Verwandtenkreis.) Und so weiter und so fort. Ein Wunder, dass manche Brautleute noch glauben, die Organisation einer derart komplexen Veranstaltung selbst in die Hand nehmen zu können. Denn natürlich muss da von Anfang an ein Profi ran. Und die besten Profis kommen nun mal aus Amerika – einem Land mit einer derart etablierten Hochzeitsindustrie, dass seine Bewohner schon aus volkswirtschaftlichen Gründen mindestens zwei- oder dreimal im Leben heiraten sollten. Was die meisten von ihnen dann ja auch tun.

Ein in dieser Hinsicht sehr erfahrener Herr ist Donald Trump. Als der New Yorker Immobilien-Milliardär im Januar 2005 das slowenische Fotomodell Melania Knauss zur Frau nahm, war es bereits seine dritte Ehe. Und weil Bescheidenheit bekanntlich nicht zu Trumps hervorstechenden Charaktereigenschaften gehört, gab es dazu die entsprechende Riesenfeier –

mit Preston Bailey als Cheflogistiker. Der gebürtige Panamaer ist bekannt für seinen üppigen Blumenschmuck und die extravaganten Dekors, dem Schauspieler Laurence Fishburne baute er zur Hochzeit mit Gina Torres einen ganzen Herbstwald nach – das Paar hatte in einem Vorgespräch den Herbst als die gemeinsame Lieblingsjahreszeit angegeben. Als Liza Minnelli und David Gest im März 2002 einander das Jawort gaben, ließ Bailey über dem Altar regelrechte Blütenfontänen installieren. Seine Maxime: Eine Hochzeitsfeier muss voller Überraschungen sein mit mindestens einem Programmpunkt jede halbe Stunde. Die Ehe selbst wird schließlich schon noch langweilig genug.

Für ebenso perfekt organisierte, aber eher klassische Hochzeiten ist die Agentur von Marcy Blum erste Wahl. Die New Yorkerin hat schon Salman Rushdie und Padma Lakshmi in den Hafen der Ehe navigiert, zur Vermählung von Billy Joel mit Katie Lee gab es auf Wunsch des Brautpaares ein Zelt im toskanischen Landhausstil. Eine Marcy-Blum-Hochzeit ist absolute Maßarbeit, bei der für alle Eventualitäten Vorsorge getroffen wird. Aber weil der Aufwand hoch ist und die Kapazitäten gering sind, beschränkt sie sich auf vielleicht zehn solcher Veranstaltungen im Jahr. Wer leer ausgeht, kann den gesammelten Blum'schen Erfahrungsschatz immerhin in ihrem Ratgeber »Weddings for Dummies« nachlesen. Wahrscheinlich steht da auch drin, dass man ohne eine Hochzeitstorte von Sylvia Weinstock am besten gar nicht erst ans Heiraten denken sollte, immerhin hat die New Yorker Zuckerbäckerin sogar schon das Saudische Königshaus mit ihren exquisiten Kreationen (das Stück ab 350 Dollar) beliefert. Wolkenkratzer-Mogul Donald Trump bestellte zu seiner vorerst letzten Hochzeit die Torte natürlich auch bei niemand anderem als bei Sylvia Weinstock – es war die höchste, die sie je angefertigt hatte.

Im Internet:
www.prestonbailey.com
www.marcyblum.com
www.sylviaweinstock.com

Das Hotel

Vor ein paar Sommern haben wir unseren Urlaub auf einer kroatischen Insel verbracht und legten kurz vor dem Ziel noch eine Übernachtung ein, weil die Fähre erst am nächsten Morgen ging. Es war im Städtchen Opatija, einem in den zwanziger oder dreißiger Jahren halbwegs mondänen Badeort mit schmaler Strandpromenade, Jugendstilvillen, von denen der Putz bröckelte, bescheidenen Grünanlagen sowie ein paar übrig gebliebenen Grandhotels, die ihre besten Zeiten allesamt vor dem Zweiten Weltkrieg erlebt haben mussten. In einem davon, dem »Palace Bellevue«, war noch ein Zimmer frei – es sollte hundert Euro die Nacht kosten, aber der livrierte alte Mann an der Rezeption ließ sich mit hochgezogenen Augenbrauen auf sechzig Euro herunterhandeln. Sechzig Euro für eine Übernachtung in einem Palasthotel, das in seinem Namen auch noch eine schöne Aussicht verspricht – wo gibt es das schon? Eigentlich nur in ehemals sozialistischen Ländern, die Grandhotels während des Kalten Kriegs als ungeliebten Relikten einer leichtlebigen Bourgeoisie zwar keine Existenzberechtigung einräumten, sie aber in Ermangelung anderer Herbergen einfach mal weiter wurschteln ließen. Genau solch ein Laden war das »Palace Bellevue« in Opatija. Von außen ein immer noch ziemlich prächtiger Zuckerbäckerbau mit großzügigen Balkonen und einer weitläufigen

Terrasse zur Meerseite hin, von innen dagegen eine Art Kuriositätenkabinett, in dem der opulente Charme eines späten Kakanien mit realsozialistischen Designermöbeln aus den frühen Sechzigern eine gestalterisch äußerst eigenwillige Liaison eingegangen waren: Im turnhallengroßen Speisesaal hingen schwere Lüster über den mit fadenscheinigen weißen Tischtüchern bedeckten Resopaltischen, wobei die ohnehin schon beeindruckende Weite des Raumes durch drei gigantische, stuckverzierte und an einigen Stellen bereits erblindete Spiegel verdoppelt wurde.

Der Weg führte uns durch eine riesige Hotelhalle mit hauseigenem Wasserfall und verstaubten Vitrinen voller alten Porzellans, vorbei an baumgroßen Marmorsäulen, durch schier endlose Hotelflure und über abgewetzte rote Teppiche – um schließlich in einem Zimmer zu enden, das jeglichem Komfort, jeglicher Anforderung moderner Hotelausstattung wie Minibar, Flachbildschirmen oder undurchschaubaren Temperaturreglern Hohn spottete: ein Bad, ein Bett, ein Schreibtisch.

Dieses Hotel war eine Diva, die sich ihren Gästen nicht mit gespielter Servilität unterwarf, sondern ihnen mit herablassender Souveränität gegenübertrat: Es war sich seiner altersbedingten Schönheitsfehler durchaus bewusst, hatte sich dabei aber eine Größe bewahrt, wie sie praktisch kein modernes Fünf-Sterne-Haus mehr ausstrahlt. Ein Grandhotel der alten Schule eben, das von seiner Gattung her schon immer eher ein Tummelplatz der Halbwelt gewesen war als eine Spielwiese der Hautevolee. Die wirklich feinen Leute wohnten ja ohnehin in ihren eigenen Schlössern, während »das erste Hotel am Platze« immer nur versuchte, mit manchmal billigen Tricks den Glanz und Pomp aristokratischen Lebens nachzuahmen. Das Grandhotel war gewissermaßen die Illusion höfischen Lebens, es war eine einzige Theateraufführung, und das Personal trat darin als Ensemble auf, das ernste Rollen mit spielerischer Gelassenheit zu absolvieren hatte. Nichts anderes galt übrigens für die Gäste: Sie kamen ins Grandhotel des großen Auftritts wegen, nicht um sich zu verstecken. Deswegen reichte es auch völlig aus, wenn die Zimmer eher spartanisch eingerichtet waren und alle Opulenz stattdessen den Gemeinschaftsräumen zugute kam.

Was ist davon übrig geblieben? Nicht viel, und wenn etliche altehrwürdige Grandhotels wie das Zürcher »Baur au Lac« oder das »Brenner's Park Hotel« in Baden-Baden sich zu umfangreichen Modernisierungsmaßnahmen gezwungen sehen, steht zu befürchten, dass die unvergleichliche Hotelkultur der Belle Epoque irgendwann vollständig verdrängt sein wird vom seelenlosen Komfort- und Wellness-Maximierungsstreben einer modernen Luxusbeherbergungsindustrie. Im New Yorker »Mandarin Oriental« etwa rühmt man sich eines Computersystems, das den jeweiligen Musikgeschmack seiner Gäste ebenso erfasst wie die bevorzugte Raumtemperatur oder den Getränkekonsum aus der Minibar, um beim nächsten Besuch alles entsprechend einrichten zu können. Vorausgesetzt, die Besucher sind wirklich samt und sonders stimmungsschwankungsfreie Gewohnheitstiere, mag das ja ganz praktisch sein – aber die Vorstellung, im Hotel ein elektronisches Präferenzen-Screening zu durchlaufen, ist mehr als gruselig. Früher gab es den Concierge, der die kleinen Vorlieben und Schrullen, vielleicht sogar die charakterlichen Abgründe seiner Stammgäste genau kannte und sich darauf einzustellen wusste. Wer solche Fachkräfte durch einen Siliconchip ersetzen zu können glaubt, sollte sein Glück besser mal als Hoteldirektor im Magdeburger Novotel versuchen. Und dass mittlerweile auch alteingesessene Häuser ihre Gäste am Telefon mit im Singsang vorgetragenen Sätzen wie »Einen wunderschönen guten Tag, hier ist das Palast Hotel, mein Name ist Frank Müller, was kann ich für Sie tun?« begrüßen, gehört neben dem Frühstücksbuffet zu den deutlichsten Anzeichen einer im Niedergang begriffenen Grandhotel-Kultur. Aber wahrscheinlich hat das alles seinen Sinn, und der Kunde will es nicht anders. So dürften sich nur hoffnungslose Nostalgiker mit Wehmut an Persönlichkeiten wie Jean-Claude Irondelle erinnern, der unlängst nach 35 Jahren als Direktor des »Hotel du Cap« in Antibes in den Ruhestand ging und der den Wunsch eines Filmbosses nach einem Fernseher im Zimmer mit dem Satz beschied: »Schauen Sie doch aus dem Fenster, draußen im Garten läuft sowieso der beste Film, den Sie sehen können.«

Was bleibt als Ratschlag? Nicht viel mehr als die Weisheit, dass das teuerste Hotel am Platze selten das beste ist – zumindest dann nicht, wenn man sich den Luxus erlaubt, gelegentlich auf Komfort zu verzichten und sich stattdessen lieber ins Abenteuer stürzt. Und in ästhetischer Hinsicht sind die kostspieligsten Orte der Welt sowieso ein zweifelhaftes Vergnügen, wie unser Überblick über die derzeit zehn teuersten Suiten der Welt zeigt:

1. Suite im 7. Stock des »Hotel Martinez« in Cannes (bis zu 30.000 Euro die Nacht): bis zu vier Schlafzimmer, riesige Außenterasse mit Whirlpool und Blick auf Croisette und Mittelmeer, innen dominieren crèmefarbene Töne, die den Charme eines teuren Möbelhauses verbreiten.

Im Internet: www.hotel-martinez.com

2. Royal-Penthouse-Suite im »President Wilson Hotel«, Genf (bis zu 30.000 Euro die Nacht): eigener Fahrstuhl, schussichere Fenster und Türen, Panoramasicht auf den Genfer See. Die dunkle Holzvertäfelung an den Wänden erinnert an die Vorstandsetage einer Schweizer Bank.

Im Internet: www.hotelpwilson.com

3. Präsidenten-Suite im Hotel »Cala di Volpe« in Porto Cervo auf Sardinien (bis zu 23.000 Euro die Nacht): drei Schlafzimmer, drei Bäder, eigener Salzwasser-Außenpool. Farbenfroher Happy-Holiday-Kitsch mit mediterranen Einflüssen. Die Kinder werden es lieben!

Im Internet: www.starwoodhotels.com

4. Brücken-Suite im Hotel »Atlantis«, Paradise Island, Bahamas (bis zu 22.000 Euro die Nacht): Die neobarocke Zehn-Zimmer-Flucht befindet sich in einer Brücke, die die beiden Hoteltürme

miteinander verbindet. Kein Wunder, dass Michael Jackson sich hier wohl gefühlt hat, der gesamte Komplex sieht aus wie ein Disneyland für Besserverdiener.

Im Internet: www.atlantis.com

5. Penthouse im Hotel »The Setai«, Miami (bis zu 20.000 Euro die Nacht): Der eigene Butler ist im Preis enthalten, das Interieur ist so asiatisch-schlicht, wie westliche Innenarchitekten sich den Fernen Osten vorstellen.

Im Internet: www.setai.com

6. Royal-Suite im »Plaza Athénée«, Paris (bis zu 15.000 Euro die Nacht): 500 Quadratmeter mit viel Gold, Marmor, teuren Stoffen, Antiquitäten – und insgesamt acht Plasma-Fernsehern. Eigene Küche und Speisezimmer für bis zu zwölf Personen. Der Charme der Bourgeoisie war auch schon mal diskreter. Ansonsten toller Blick auf den Eiffelturm und biometrische Lesegeräte statt Schlüsselloch.

Im Internet: www.plaza-athenee-paris.com

7. Peninsula-Suite im »The Peninsula«, New York (bis zu 12.000 Euro die Nacht): breitet sich auf 300 Quadratmetern fast über das gesamte 19. Stockwerk aus und bietet eine Rundumsicht auf die Stadt. Eigene Bibliothek und eigener Flügel für das musikalische Rahmenprogramm. Gediegenes Eastcoast-Stilmöbel-Ambiente.

Im Internet: www.peninsula.com

8. Präsidenten-Suite im »Four Seasons«, New York (bis zu 12.000 Euro die Nacht): großartiger Blick auf den Central Park. Das Ganze wurde vom Architekten I. M. Pei mitgestaltet, dem aber auch nicht viel mehr einfiel als der in vielen Hotels übliche postmoderne Stil-Mischmasch. Immerhin: Es gibt einen eigenen Kamin, einen eigenen Flügel, und in der Bibliothek stehen Biographien von Kleopatra, Napoleon und Benjamin Disraeli.

Im Internet: www.fourseasons.com

9. Präsidenten-Suite im Hotel »Intercontinental«, Hongkong (bis zu 8.000 Euro die Nacht): Die Einrichtung ist so landestypisch wie Chop Suey – ein paar chinesische Zutaten müssen reichen. Dafür ein toller Blick auf Victoria Harbour vom privaten Außenpool. Eigene Küche ist vorhanden, aber überflüssig, weil die Bewohner der Suite – und zwar nur sie – rund um die Uhr im hoteleigenen »Spoon«-Restaurant von Alain Ducasse bestellen können.

Im Internet: www.ichotelsgroup.com

10. Royal-Suite im »Burj Al Arab«, Dubai (bis zu 8.000 Euro die Nacht): knapp 800 Quadratmeter im 25. Stockwerk, eigener Fahrstuhl, eigenes Kino. So bizarr muss es wohl aussehen, wenn ein Ölscheich von Schloss Neuschwanstein träumt. Höhepunkt ist ein Himmelbett auf einem Drehpodest – Peepshow für Millionäre.

Im Internet: www.burj-al-arab.com

Der Hummer

Die Geschichte des Hummers beginnt regelmäßig mit dessen Ende, genauer gesagt: mit dem Tod im Kochtopf. So sieht es zumindest § 13, Absatz 8 der Deutschen Tierschutzverordnung vor, in der den Königen aller Meeresfrüchte ein Dahinscheiden »nur in stark kochendem Wasser« zugestanden wird, wobei das Wasser sie »vollständig bedecken und nach ihrer Zugabe weiterhin stark kochen« muss. Ob diese Methode besonders vorteilhaft ist, kann allerdings bezweifelt werden, und zwar sowohl aus der Perspektive des Hummers wie auch aus der des Gourmets: Was den sanften Tod angeht, empfehlen neuseeländische Experten ein Herunterkühlen des Hummers in Salzwasser auf komatöse zwei bis vier Grad mit anschließendem Erstechen durch die Brust in den Kopf. Französische Hausfrauen wiederum legen den Hummer am liebsten in kaltes Wasser und heizen ihm langsam ein, weil sein Fleisch auf diese Weise angeblich saftiger und zarter bleibt. So gesehen, stellt die Vorschrift aus der Tierschutzverordnung sogar einen durchaus tragfähigen Kompromiss dar.

Keine Kompromisse eingehen sollte man aber bei der Herkunft des Hummers: Bretonische Tiere sind die besten, auch wenn die wenigsten von ihnen tatsächlich von den Küsten der Bretagne stammen dürften, sondern aus Schottland, Irland oder

Norwegen. So hat sich in der Feinschmeckerei die Bezeichnung »Bretonischer Hummer« denn auch als Synonym für europäischen Hummer eingebürgert, und zwar im durchaus berechtigten Abgrenzungswillen gegenüber der amerikanischen Verwandtschaft, die sich durch größere, fleischigere Scheren und einen breiteren Schwanz auszeichnet. Weniger imposant sind die Amerikaner jedoch im Geschmack: Die dezente Süße und das leicht nussige Aroma bleiben den europäischen Hummern vorbehalten, weshalb diese im Durchschnitt auch dreißig bis sechzig Prozent teurer sind. Und noch etwas gilt es zu beachten: Das Idealgewicht eines »Bretonischen Hummers« liegt zwischen 600 und 800 Gramm, weil mehrere Kilo schwere Exemplare einfach schon viel zu alt sind, um Genuss zu bereiten. Solche Kawenzmänner eignen sich allenfalls noch als Dekorationsobjekte fürs kalte Buffet.

Der Hund

Übergewicht ist in den Vereinigten Staaten eigentlich kein außergewöhnliches Phänomen, zumindest nicht bei Menschen. Wenn jedoch ein Hund zu überraschend großem Körpervolumen neigt, kann das mitunter sogar die Justiz beschäftigen. So musste sich ein New Yorker Gericht im Jahr 2005 mit der Frage auseinandersetzen, ob einer Hundehalterin Schadensersatz dafür zusteht, dass ihr Malteser-Welpe »Little Miss Muffet« gar nicht mehr mit dem Wachsen aufhören wollte und schließlich kaum noch in die Gucci-Handtasche seines Frauchens passte: Anstatt der versprochenen Obergrenze von zwei Kilo brachte »Little Miss Muffet« nach einiger Zeit nämlich beinahe das Doppelte auf die Waage. Und wer will sich schon mit solch einem Brocken am Arm in der besseren Gesellschaft sehen lassen, deren Präferenz für Kleinst-Caniden spätestens seit Paris Hiltons Chihuahua-Fimmel aktenkundig ist? Da hatte auch Richter Matthew F. Cooper ein Einsehen und gab der Klägerin Recht – von den 2500 Dollar, die sie für den Malteser-Welpen gezahlt hatte, erhielt sie tausend Dollar vom Verkäufer zurück. Peinlicherweise handelte es sich bei Letzterem ausgerechnet um die Firma »American Kennels« mit Stammsitz an der feinen Lexington Avenue, New Yorks unangefochtenem Top-Dealer für High-Society-Hunde.

»American Kennels« ist mit seiner jeweils aktuellen Hunde-Kollektion übrigens ein ziemlich genauer Gradmesser dafür, welche Hunderasse gerade besonders en vogue ist. Seit auch Madonna oder die Schauspielerin Scarlett Johansson sich mit einem Chihuahua sehen ließen, Britney Spears einen Zwergspitz Gassi führte und Heidi Klum ihren Jack-Russell-Terrier »Sheila« abbusselte, geht der Trend jedenfalls eindeutig zum »teacup dog«, wie die tragbaren Mini-Hunde genannt werden: vierbeinige Accessoires mit kurzen Beinen und langem Stammbaum. Getreu der Devise »je kleiner, desto teurer« paaren Züchter mittlerweile bevorzugt besonders kleine Eltern, damit deren Nachwuchs noch ein bisschen winziger ausfällt – bis zu 5.000 Dollar kostet dann ein gelungenes Kleintier.

Neben solch verhuschten Wesen wirkt sogar ein Mops noch imposant. Trotzdem ist auch er auf der Beliebtheitsskala ganz nach vorn getrippelt und macht es sich dort schon seit einiger Zeit wohlig grunzend bequem. Woran das liegt, ist genauso schwer zu sagen, wie seine Herkunft im Ungewissen liegt: Mal kommt er aus China, mal ist er ein kleingezüchteter Metzgerhund, mal haben ihn holländische Seeleute nach Europa gebracht, dann wieder die Horden Dschingis Khans. Sicher ist nur, dass der Mops schon vor Jahrhunderten ein beliebter Schoßhund an europäischen Fürstenhöfen war, bevor er Ende des 19. Jahrhunderts Einzug in den vornehmen Bürgerhäusern hielt. Ungezählte Mops-Figurinen aus der Meissener Porzellanmanufaktur zeugen von seinem damaligen Stellenwert. Für das jüngste Comeback mögen die »Men in Black«-Filme verantwortlich sein, in denen ein sprechender Mops namens Frank eine tragende Rolle spielte. Schließlich hat ja auch vor einigen Jahren das Remake von »101 Dalmatiner« für eine sprunghaft gestiegene Nachfrage nach den schwarzweiß getupften Gesellschaftshunden gesorgt. Dem schlauen Dackel wäre eine vergleichbare Karriere zu wünschen gewesen, aber mit eingezogener Rute wird er in absehbarer Zeit sein Image als klassischer Spießer-Kläffer einfach nicht abschütteln können, das durch Fernsehfiguren wie »Hausmeister Krause«, einen fanatischen Dackelbesitzer mit faschistoiden Zügen, ständig aufs Neue zementiert wird.

Von dem in feineren Kreisen verbreiteten Charity-Gedanken profitiert seit kurzem eine Hundegattung, die zwar nicht besonders edel, dafür aber so bunt und authentisch ist wie das Liebesleben selbst: der Mischling. Wer wie Guido Westerwelle seinen »Anton« bei sich aufgenommen hat, weil der aus dem unerwünschten Wurf in einem rheinischen Reiterstall stammt und ohne die Fürsorge des FDP-Vorsitzenden dem sicheren Tod hätte entgegengehen müssen, weist sich jedenfalls als mitfühlender Tierfreund aus – was im politischen Geschäft nie schaden kann. Auch Terrier-Mischling »Mona« stand nicht immer mit allen vier Pfoten auf der Sonnenseite: vom Schrottplatz, wo sie einst gefunden wurde, über das Tierheim bis an die Seite von Sabine Christiansen, die sich ihrer erbarmte, ist es ein wahrhaft weiter Weg. Selbst in Industriellenfamilien wie bei den Oetkers schmückt man sich gern mit reinblütigen Promenadenmischungen (»Bollo« und »Elli«), die ja sowieso das freundlichere Wesen haben. Und antwortet auf die Frage, was denn das für eine Rasse sei, mit einem selbstbewussten: »Keine Ahnung, die sind uns einfach so zugelaufen.« Wer sagt denn, dass nur Hunde Charakter haben müssen.

Im Internet:
www.americankennels.com

Der Hut

Philip Treacy hatte sich in den Kopf gesetzt, den Frauen etwas auf den Kopf zu setzen, und zwar schon von frühester Kindheit an: Im Alter von fünf Jahren bastelte er Hüte für die Puppen seiner großen Schwester. Das ist jetzt gut 35 Jahre her, und weil der gebürtige Ire nun einmal der Überzeugung ist, es sei Zeitverschwendung, eine Sache nur mit halber Kraft zu verfolgen, trägt jetzt tout le monde seinen extravaganten Kopfschmuck: Topmodels wie Kate Moss oder Naomi Campbell, Frauen aus dem Schaugewerbe wie Céline Dion, Grace Jones oder »Boy« (na ja) George sowie – nicht zu vergessen – die meisten Damen der britischen Aristokratie. Camilla Parker Bowles erinnerte während ihrer Hochzeit mit Prinz Charles aufgrund eines im Haar befestigten Federgebindes von Mr. Treacy zwar ein wenig an eine wettergegerbte Squaw aus den Bad Segeberger Karl-May-Festspielen, aber im Prinzip kann man sagen: Es existiert kein weibliches Wesen, dem eine Treacy-Kreation nicht zu noch mehr Anmut, Glanz und Eleganz verhelfen würde. Die zweite gute Nachricht: So ein Ding ist gar nicht allzu teuer, schon für hundert Pfund kann man in Treacys Londoner flagship store an der Elizabeth Street fündig werden.

Zugegeben: Treacy ist nicht gerade ein Geheimtipp und tanzt auf arg vielen Hochzeiten, aber wer keinen Hut von einem

Designer tragen will, der auch schon »Harry Potter«-Filme ausgestattet und Sportklamotten entworfen hat, muss eben mit dem Reithelm in die Oper gehen. Oder er kauft eine der bezaubernd elfenhaften Kopfbedeckungen von Sylvia Fletcher, die es bereits von 300 Pfund an gibt. Und zwar ausgerechnet bei Londons führendem Herren-Hutmacher, namentlich »James Lock & Co.« an der St. James's Street. Der Laden, in dem Prinz Charles sich mit Polo-Kappen einzudecken pflegt, ist so urbritisch wie der Bowler-Hut (265 Pfund) selbst, der einst in den Ateliers von James Lock entworfen wurde und dort bis heute unter der Bezeichnung »Coke hat« firmiert.

Berühmt ist »James Lock & Co.« übrigens nicht nur für seine Hüte, sondern auch für seine zweihundert Jahre alte, unter Denkmalschutz stehende Eingangstür.

Schlechthin ein Synonym für klassisch-edle Herrenhüte sind natürlich die italienischen »Borsalinos« – obwohl der namensgebende Hersteller aus dem Städtchen Alessandria im Piemont von Baskenmützen über Strohhüte bis hin zu Golfbekleidung weit mehr im Programm hat als nur das berühmte Humphrey-Bogart-Modell mit der breiten Krempe für rund 250 Euro. Ein echter »Borsalino« zeichnet sich im Wesentlichen durch zwei Qualitätsmerkmale aus: zum einen durch die insgesamt achtzig Arbeitsschritte, mit denen die noch weiche Rohform durch mehrmaliges Pressen, Kämmen und Bügeln auf das kompakte Endprodukt reduziert wird. Und zum anderen durch die richtige Mischung aus dem Haar des Stallhasen und dem des Wildkaninchens, die zusammen die Grundlage für den Filz abgeben. Das knapp 500 Euro teure Spitzenmodell besteht allerdings aus Guanaco-Haar – ein anderes Wort für Lama-Haar.

Das aber verblasst alles neben einem aus dem Stroh der Toquilla-Palme handgeflochtenen, superfeinen Panamahut. Wobei es lästigerweise für die unterschiedlichen Güteklassen »superfino« und »supersuperfino« keine einheitlichen Kriterien gibt – jeder Hersteller stuft seine Ware selbst ein. Generell gilt: Je dünner die Fasern und je gleichmäßiger die Flechtung, desto hochwertiger ist das Ergebnis. Ein erfahrener Flechter schafft im Jahr kaum mehr als sechs elfenbeinfarbene Hüte der alleroberstengen Qualität, der Preis ist entsprechend. Brent Black aus Kailua auf Hawaii, der wohl angesehenste Panamahut-Händler der Welt, verkauft solche Meisterwerke für 5.000 Dollar das Stück. Produziert werden sie im für seine Flechtkunst berühmten Dorf Montecristi, und das wiederum liegt selbstverständlich in Ecuador – der Heimat sämtlicher Panamahüte.

Im Internet:
www.philiptreacy.co.uk
www.lockhatters.co.uk
www.borsalino.com
www.brentblack.com

Die Insel

Der bekannteste Insel-Privatier war natürlich Robinson Crusoe, und man kann sagen, dass er sein Leben in der Abgeschiedenheit aus ganzem Herzen genoss. Zumindest nach einer gewissen Eingewöhnungsphase. Na gut, manchmal kamen überraschend Kannibalen vorbei, und auch sonst war das Leben abseits aller Zivilisation nicht immer ganz problemlos. Aber davon abgesehen fand Robinson auf seinem Eiland doch genau das, wonach er nicht gesucht hatte: Zeit und Muße, um sich endlich dem Bibelstudium zu widmen, um über das Leben nachzudenken und seinen späteren Mitbewohner Freitag zu einem rechten Christenmenschen zu erziehen. Da vergehen 28 Jahre doch wie im Flug.

Kein Wunder also, dass viele Reiche und Erfolgreiche es ihm heute nachtun wollen, zumal auf der eigenen Insel nicht hinter jedem Busch mit einem Fotografen, mit durchgeknallten Fans oder der Drogenpolizei zu rechnen ist. Als Aristoteles Onassis während der sechziger Jahre die Insel Skorpios im ionischen Meer seinen Besitztümern einverleibte, setzte unter seinesgleichen ein regelrechter Run ein. Plötzlich wollten alle auf ihrem eigenen kleinen Eiland dem Meeresrauschen lauschen. Ted Turner, Marlon Brando und Tony Curtis gehörten dazu, später auch Brooke Shields, Björn Borg oder Diana Ross. Die Liste ist lang, sogar Dieter Hallervorden sucht auf seiner bretonischen Privatinsel Inspiration zu seinen unergründlich tiefsinnigen Humoresken.

Dabei muss man nicht einmal besonders wohlhabend sein, um sich den Luxus der Einsamkeit leisten zu können. Der Hamburger Inselmakler Farhad Vladi beispielsweise hat schon für weniger als 100.000 Euro allerlei Objekte im Programm, die sich in dieser Preiskategorie allerdings meist in den etwas raueren Klimazonen vor der kanadischen Küste befinden, Bärenbesuch nicht ausgeschlossen. Ein vernünftiges Karibik-Inselchen hingegen kostet selten weniger als zwei bis drei Millionen Dollar, während etwa das repräsentative 250.000-Quadratmeter-Eiland inklusive eines Anwesens aus dem 19. Jahrhundert vor der Küste von Neapel mit 20 Millionen Euro etwas deutlicher zu Buche schlägt. Immerhin sind dann aber auch die Eigentumsverhältnisse geklärt, was im Insel-Business längst nicht selbstverständlich ist. Thailand, Malaysia oder die Philippinen beispielsweise sind trotz ihres reichhaltigen Angebots ein schwierigeres Terrain, weil Ausländer dort praktisch nicht zum Zuge kommen und ihren Inselkauf über dubiose Strohmänner abwickeln müssen.

Farhad Vladi, der selbst eine Insel in der neuseeländischen Fjordlandschaft besitzt, kann überhaupt nicht verstehen, warum manche Menschen ihr Vermögen für millionenteure Fincas auf Mallorca verschleudern, wo man doch schon für einen Bruchteil davon am anderen Ende der Welt zum Privat-Insulaner werden und mit den Zinserträgen aus dem gesparten Geld außerdem noch die Flüge in der ersten Klasse dorthin finanzieren könnte. Vielleicht aus Gründen des mangelnden Komforts? Auf keinen Fall, denn kaum eine der hierzulande von seriösen Vermittlern vermarkteten Inseln verfügt nicht mindestens über einen einfachen Wasseranschluss. Wer sich einigermaßen auskennt, der achtet außerdem darauf, dass der nächste Lebensmittelladen nicht erst nach tagelangen Fahrten im Einbaum zu erreichen ist, falls man mal des selbst gefangenen Fischs überdrüssig werden sollte. Kleinigkeiten eben, die das Inselleben leichter machen. Die klimatischen Bedingungen der jeweiligen Region sind vor dem Inselerwerb ebenfalls eine Überlegung wert – das Risiko, von einem Tsunami oder einem Hurrikan überrascht zu werden, ist in Kanada eben geringer als in der Karibik oder im Indischen Ozean.

Womöglich ist es überhaupt am besten, vor Unterzeichnung des Kaufvertrages seine Eignung zum Insel-Eremiten einfach mal unverbindlich auszuprobieren. Sir Richard Branson, Inhaber der Fluggesellschaft »Virgin Atlantic«, hilft da gerne weiter: Für rund 45.000 Dollar pro Nacht vermietet er »Necker Island«, sein zu den britischen Jungferninseln gehörendes Refugium inmitten der Karibik. Bei diesem Tarif kann man sogar bis zu 27 Freunde und Verwandte mitbringen, was die Wonnen des Alleinseins natürlich etwas trüben dürfte. Auch die mit Kingsize-Betten, Fernseher, Stereoanlage und Whirlpool ausgestatteten Bungalows wirken nicht gerade wie ein Trainingslager für ein Leben in der Wildnis. Für solch eine Erfahrung sind die vielen kleinen Inselchen der finnischen Seenlandschaft schon viel besser geeignet. Die Agentur »Lomarengas« hat etliche davon im Angebot, die meisten verfügen über ein einfaches Holzhäuschen mit Stromanschluss, aber ohne fließend Wasser. Restaurants sind keine in der Nähe, doch laut finnischem Gesetz ist es jedem gestattet, sämtliches Land nach Beeren oder Pilzen abzusuchen. Und zwar unabhängig von den Eigentumsverhältnissen. Auch diese Erkenntnis könnte für spätere Inselbesitzer recht aufschlussreich sein.

Im Internet:

www.vladi.de

www.lomarengas.fi

www.virginlimitededition.com

Die Jacht

Als die Welt noch kinder- und umweltfreundlich war, sollte ein rechtschaffener Mann einen Sohn zeugen, einen Baum pflanzen und ein Haus bauen. Inzwischen hat sich diese To-Do-Liste ein wenig zugunsten der materiellen Werte verändert, sogar die biedere Sparkasse warb vor einigen Jahren mit dem Angeber-Spruch: »Mein Haus, mein Auto, mein Boot.« Gezeigt wurde ein junger Herr, der einem ehemaligen Schulkameraden triumphierend die Fotos seiner Errungenschaften präsentiert, welcher seinerseits mit den Abbildungen eines noch größeren Hauses, eines noch größeren Autos und eines noch größeren Bootes kontert. Der ganze Werbespot erinnerte an jene lustigen Quartett-Kartenspiele mit Rennwagen oder schnellen Motorrädern, bei denen kleine Jungs einander anhand der PS-Stärke oder der Hubraum-Größe zu übertrumpfen suchen. Originellerweise scheint dieses Spiel auch dann nichts von seinem Reiz zu verlieren, wenn die Teilnehmer dem Jungenalter entwachsen und die Fahrzeuge echt sind. Boote erfreuen sich dabei besonderer Beliebtheit, weil sie zumindest von einer gewissen Größe an im Gegensatz zu Limousinen oder Sportwagen nicht in Serie gefertigt werden und dem Größenwahn insofern kaum Grenzen gesetzt sind. Denn wenn das Hafenbecken zu klein ist, kann man immer noch auf offener See ankern.

Einen beinahe schon legendären Wettkampf um die Vorherrschaft auf den Weltmeeren lieferten sich unlängst die beiden Software-Milliardäre Paul Allen und Larry Ellison. »Octopus«, die 126 Meter lange Motorjacht von Microsoft-Mitgründer Allen, verfügt zwar über sieben Decks, zwei Hubschrauberlandeplätze, einen Konzertsaal, ein Tonstudio sowie eine Andockvorrichtung für das bordeigene U-Boot. Dennoch konnte sich ihr Eigner kaum mehr als ein Jahr lang rühmen, Amerikas größte Privatjacht zu besitzen. Denn schon im Dezember 2004 lief Ellisons »Rising Sun« vom Stapel – und das neueste Spielzeug des Oracle-Chefs war prompt zwölf Meter länger als die »Octopus«. Beide Schiffe dürften mehr als 250 Millionen Dollar gekostet haben, und beide stammen sie aus Deutschland, um nicht zu sagen von der gleichen Werft: Lürssen in Bremen, einem der erfolgreichsten Konstrukteure von Mega-Jachten auf der ganzen Welt. Der Betrieb mit seinen 1.200 Mitarbeitern ist seit mehr als zehn Jahren die Top-Anlaufstelle für Milliardäre mit Faible fürs Maritime: Der amerikanische Modeunternehmer Leslie Wexner steht ebenso auf der Kundenliste wie Kaufhaus-Erbin Heidi Horten, auch der russische Öl-Magnat Roman Abramovitsch hat bei Lürssen seine 115 Meter lange »Pelorus« geordert, mit der er zur Fußball-Weltmeisterschaft sogar nach Deutschland geschippert kam, um vom Lübecker Hafen aus neue Spieler für seinen FC Chelsea zu sichten.

Am »Brioni unter den Schiffbauern«, wie Lürssen sich nennt, wissen die Abnehmer vor allem die Qualität »Made in Germany« zu schätzen, viele von ihnen lassen sich sogar schriftlich garantieren, dass Motoren, Pumpen, die Inneneinrichtung und nicht zuletzt der Stahl aus Deutschland stammen. Nur für die Ausgestaltung ist ausländisches Know-how erlaubt, etwa vom Norweger Espen Øino, einem der weltbesten Schiffsdesigner, oder von Inneneinrichtern wie dem Franzosen Philippe Starck. Dessen eher zum Minimalismus neigende Handschrift ist ohnehin stilbildend für den drögen Typus der neuen Mega-Jacht, seit barocke Elemente wie vergoldete Wasserhähne allenfalls noch an der Schwarzmeerküste Anklang finden. Was zählt, ist vielmehr die schiere Größe: Während in den achtziger Jahren für ein Schiff noch eine Länge von 25 Metern ausreichte, um als Luxusjacht zu gelten, sind heutzutage vierzig Meter die Mindestanforderung. Dass die Schiffs-Preise mit zunehmender Dimensionierung sogar exponentiell steigen (die Faustregel »eine Million Euro je Meter« gilt nur bis zu einer Länge von rund siebzig Metern), schadet der Nachfrage dennoch nicht: Seit 1990 hat sich die Zahl der Luxusjachten verzwanzigfacht, die schwimmende Villa ist definitiv zum unverzichtbaren Statussymbol der milliardenschweren Globalisierungsgewinner geworden. Und wer mithalten will, sollte sich beeilen, denn die Lieferfristen werden immer länger: Lakshmi Mittal, der indische Stahlbaron, muss sich bis zum Jahr 2009 gedulden, um auf seiner Anfang 2006 bei Blohm + Voss in Auftrag gegebenen 94-Meter-Jacht in See stechen zu können – 160 Millionen Euro Kaufpreis hin oder her.

Wer nicht so lange warten will oder während des Sommerurlaubs einfach nur mal Eindruck schinden möchte, kann natürlich auch chartern. 240 der schönsten und größten Jachten der Welt sind nämlich auf Zeit zu haben, beispielsweise über die Bremer Agentur »Logemann Yachting«. Für die Schiffseigner hat das mehr praktische Gründe, als dass sie sich auf diese Weise finanziell über Wasser halten müssten: Ein Boot, das mehr als zwanzig Meter lang ist, verschlingt zwar grob gesagt jedes Jahr rund zehn Prozent seines Kaufpreises durch die Kosten für Wartung, Liegeplätze, Treibstoff und die Heuer für Kapitän und Mannschaft. Aber das ließe sich noch verkraften, solange daheim die Stahl- beziehungsweise die Software-Schmiede brummt. Viel wichtiger: Eine Jacht will bewegt werden, darin unterscheidet sie sich kaum vom Pferd oder von einem Hund. Liegt der Kahn hingegen träge im Hafen, setzen der Rumpf Schlick an und die Schraube Rost. Ganz zu schweigen von der Mannschaft, die sich an Müßiggang gar nicht erst gewöhnen darf. Wer als Charter-Gast den Eigentümer an Bord vertritt, tut also gewissermaßen ein gutes Werk und braucht deswegen auch nur Freundschaftspreise zu zahlen. Eine Motorjacht wie die »Sherakhan« (70 Meter, neun Doppelbett-Kabinen, vier Zweibettkabinen, 19 Mann Besatzung, Whirlpool für 18 Personen, Wellness-Bereich) kostet gerade mal 520.000 Euro pro Woche. Die superschlanke 75-Meter-Segeljacht »Mirabella V« mit einer Segelfläche von 3400 Quadratmetern (mehr als die »Gorch Fock«) und sechs Kabinen für jeweils zwei Personen ist wochenweise sogar schon für 375.000 Dollar zu haben – und das während der Hauptsaison.

Jet-Set-Feeling wie in guten, alten Zeiten verspricht hingegen ein entspannter Törn auf der »Christina O«. Das 99 Meter lange Motorschiff besticht zwar weniger durch seine Eleganz – die von einer ehemaligen Fregatte auch nicht zu erwarten ist. Der Reiz ist vielmehr historischer Art, denn Vorbesitzer der »Christina O« war kein anderer als Aristoteles Onassis, der das Kriegsgerät 1954 für 34.000 Dollar erstand und zu einem Spielplatz für die internationale High Society umbauen ließ. John F. Kennedy und Winston Churchill lernten einander an Bord kennen, hier begann auch die skandalöse Liaison zwischen Maria Callas und dem Eigner selbst. Etliche Erinnerungsstücke zeugen bis heute von prominenten Gästen, die der griechische Reeder in der Ägäis um sich versammelte, darunter Marilyn Monroe, Frank Sinatra, John Wayne und Greta Garbo. Nur, dass diese Herrschaften damals keine 50.000 Euro am Tag zahlen mussten. Aber wie gesagt: Heute zählen ja nur noch materielle Werte.

Im Internet:
www.luerssen.de
www.blohmvoss.com
www.logemann-yachting.de
www.christina-o.com

Das Jagdgewehr

Nach langem Drängen lässt sich ein Jäger von seiner Frau über-
reden, sie einmal mit auf die Jagd zu nehmen. Im Wald erklärt
er ihr, wie das Gewehr funktioniert und wie man sich am besten
auf die Lauer legt. Außerdem, so der Jäger zu seiner Gattin,
müsse sie nach dem Schuss sofort zu dem erlegten Tier eilen,
weil es demjenigen gehöre, der zuerst bei ihm angelangt sei.
Dann verkriechen sich die beiden jeder für sich im Gehölz und
warten. Nach kurzer Zeit hört der Jäger einen Schuss. Schnell
rennt er zu seiner Frau, um zu sehen, ob sie alles richtig macht.
Und erkennt schon von weitem, wie sie mit einem fremden
Mann wild diskutierend an einem Kadaver steht. Als er näher
kommt, hört er den Mann sagen: »Also gut, von mir aus – dann
ist es eben Ihr Hirsch! Aber darf ich wenigstens noch den Sattel
abnehmen?«

In diesem Witz stecken gleich zwei wichtige Erkenntnisse
über das organisierte Waidmannswesen: Nichtjäger sind aus
der Sicht von Jägern absolute Volltrottel, denen der Zutritt zum
Wald am besten verwehrt bleiben sollte. Umgekehrt halten die
meisten Nichtjäger sämtliche Jäger wenn schon nicht für Mör-
der, so doch zumindest für blutrünstige Spinner mit einem albernen Vokabular und seltsamen, undurchschaubaren Gebräu-
chen sowie einem nachgerade erotischen Verhältnis zu ihren

Schießeisen. Dass Gewehre zum Töten von Tieren dienen, »ist ihr selbstverständlicher Zweck, aber nicht die Quelle der Faszination, die sie ausüben«, behauptet denn auch der Feuilletonist Eckhard Fuhr, selbst ein passionierter Jäger. Wer es nicht glaubt, braucht bloß einmal im Katalog des Jagd-Spezialisten »Frankonia« zu blättern: »Kunstvolle Bolino-Gravur in feinster Ausführung, eingebettet in Relief-Ornamentik, als Meisterwerk komponiert, Verschlusshebel mit Keiler-Haupt, Laufschiene mit Gold- und Diamanteinsatz, Diamant mit 0,5 Karat als Korn«, wird dort eine 86.500 Euro teure Doppelbüchse aus dem Hause »Heym« angepriesen. Im Vergleich zu den echten Prestige-Büchsen und Vorzeige-Flinten ist das vom Preis her sogar noch recht bescheiden.

Den Vogel schießen in dieser Hinsicht sicherlich die Londoner Büchsenmacher von »Holland & Holland« ab, dem 1835 gegründeten Traditionsunternehmen mit einem »Gunroom« an der Bruton Street und weiteren Geschäften in Moskau und New York. Schon für umgerechnet 65.000 Euro gibt es dort die einfache »Royal« als klassische »English game gun«, jedoch sollte der Käufer bedenken, dass er für ein stilvolles Jagdvergnügen zumindest ein Zwillingspaar davon im Futteral haben sollte. Denn bei der hochherrschaftlichen Pirsch wurde das eine Gewehr vom assistierenden Büchsenspanner nachgeladen, während der Schütze mit einem identischen Modell schon wieder auf fliehendes Rotwild ballerte. Für die Großwildjagd in den ehemaligen Kolonien tut es womöglich aber auch ein einziges Gewehr, hier empfiehlt sich die Doppelbüchse mit zwei nebeneinander liegenden Kugelläufen à 312.000 Euro: Kaliber 500 Nitro Express haut ganz locker jeden Elefanten um.

Doch schießt es sich mit einer »Holland & Holland«, einer »Purdey« oder einer belgischen »Dumoulin-Herstal« überhaupt besser als mit gewöhnlichen Waffen? Du liebe Güte, vielleicht hat der Abzug eine bessere Charakteristik und ist der Rückstoß etwas sanfter – aber letztlich kommt es darauf überhaupt nicht an. Teure Büchsen oder Schrotflinten sind in erster Linie Kunstwerke, manche kommen deswegen sogar ihren Lebtag nicht an die frische Luft. Sondern fristen ihr Dasein ganz friedlich in der Vitrine, damit sich ihre Besitzer an den feinsten Bulino-Gravuren und am Schaft aus elegant gemasertem Nussbaum-Wurzelholz ergötzen können. Wer an derlei kunsthandwerklichen Details Gefallen findet, kommt derzeit wohl nicht an der Hamburger Büchsen-Manufaktur »Hartmann & Weiss« vorbei, die bei echten Enthusiasten im Ruf steht, noch edlere Gewehre zu fertigen als die britische Konkurrenz. Das Hindernis beim Erwerb eines solchen Meisterwerks dürfte allerdings weniger der Preis von bis zu 100.000 Euro sein, sondern vielmehr die enervierend hanseatische Stieseligkeit der Geschäftsinhaber. Was soll's.

Sollte man sich mit der wertvollen Gerätschaft dennoch einmal in die freie Wildbahn trauen, stellt sich natürlich die Frage nach der adäquaten Munition. Die Firma »RWS« in Fürth hat für solche Fälle vergoldete Patronen mit schwarz ruthenierten Hülsen im Sortiment, die in einer hübschen Holzbox mit dreißig Stück zum Preis von rund 360 Euro ausgeliefert werden. Zündhütchen, Mantel, Geschoss sowie Pulver sind handlaboriert und gewähren ballistische Spitzenwerte, sogar eine persönliche Namensgravur auf der Hülse gehört zum Service. Ob es sich dabei um den Namen des Schützen oder um den des anvisierten Opfers handelt, ist dabei jedem selbst überlassen.

Im Internet:

www.hollandandholland.com

www.purdey.com

www.dumoulin-herstal.com

www.rws-munition.de

www.hartmannandweiss.com

Die Jeans

Wenn der gebürtige Oberfranke Levi Strauss geahnt hätte, für welche modischen Exzesse seine 1873 patentierte Goldschürferhose mit vernieteten Taschenecken einst würde herhalten müssen, wäre er mit Sicherheit lieber Hausierer geworden wie sein Vater. Andererseits liefe die Menschheit dann heute womöglich in paillettenbesetzten Gabardinehosen rum, womit auch niemandem gedient wäre. Der Jeans ist es jedenfalls nicht anzulasten, dass britische Fußballspielergattinnen wie Victoria Beckham sie mit Strass-Krönchen verunstalten und hinterher für Hunderte von Euro an eine geschmacksferne Kundschaft verscherbeln. Und natürlich kann man es der amerikanischen Prominentenfriseurin Sally Hershberger auch nicht verbieten, für ihre Tausend-Dollar-Denims vergoldete Reißverschlüsse und Knöpfe aus Edelstein zu verwenden, genauso wie es jedem Automechaniker erlaubt bleibt, seinen Wagenheber mit Brillanten zu besetzen. Es ist halt nur weder authentisch noch sinnvoll – geschweige denn der Ausweis von ausgesprochenem Stilbewusstsein.

Die Jeans war einst als Arbeitskleidung konzipiert, und dass sie heute mit dem Image einer klassischen Freizeithose leben muss, macht ihr sicherlich schon genug zu schaffen – da braucht man sie mit kindischen Verzierungen aller Art nicht auch noch zu demütigen. Stattdessen sollte eine Jeans durchaus die Aura des Alltäglichen verströmen, ohne des Alltags freie Stunden dabei als Fortsetzung mehr oder weniger antiseptischer Bürotätigkeit erscheinen zu lassen. Eine luxuriöse Jeans darf also nicht nur, sie muss förmlich einen Charakter haben, eine Persönlichkeit, sie soll Geschichten erzählen können von wilden Abenteuern und überstandenen Gefahren. Das ist freilich viel verlangt von einer Hose, deren Besitzer seinen Urlaub allenfalls auf Ibiza verbringt anstatt in der freien Prärie. Hinzu kommt, dass markante Gebrauchsspuren sich erst nach jahrelangem Tragen herausbilden, woran weder ein umsatzorientierter Hersteller noch sein ungeduldiger Kunde Interesse haben können. Also wird der Alterungsprozess eben abgekürzt und den Jeans mittels Sandstrahlern, Bürsten, Lasern, Tee-Waschungen und künstlichen Flecken eine falsche Biografie verschafft. Nur darf das Ganze hinterher auf keinen Fall artifiziell wirken.

In dieser Hinsicht gehört die Firma »Stitch's« aus Los Angeles sicherlich zu den talentiertesten Geschichtsfälschern: Ihr Denim-Stoff hat etliche Waschungen überstanden, bevor er in den Handel gelangt, und ist sogar wie manch guter Wein in alten Holzfässern gereift – Letztere befinden sich allerdings nicht im Keller eines kalifornischen Winzers, sondern in einer ehemaligen Wäscherei in Evansville, Wyoming. Das Resultat ist durchaus überzeugend, die Jeans sieht mit ihren Abschürfungen und ihrem patinierten Hosenknopf in Form einer alten Fünf-Cent-Münze aus, als habe sie ein Tankstellenbesitzer aus dem Mittleren Westen nach zwanzig Jahren treuer Dienste endlich in die Altkleidersammlung getan. Sogar Madonna ließ sich während ihrer Country-Phase für ein Musikvideo als Cowgirl in einer »Stitch's« (das Paar kostet um die 220 Euro) filmen.

Der Japaner Hidehiko Yamane war von Vintage-Jeans sogar regelrecht besessen und stets auf der Suche nach original antiken Exemplaren, bevor er Anfang der neunziger Jahre sein eigenes Label »Evisu« in Osaka gründete – weil nichts von der gängigen Markenware seinen hohen Ansprüchen genügte. Hergestellt wird der Denim für »Evisu«-Jeans denn auch nicht auf den heute üblichen, 1,50 Meter breiten Webrahmen, sondern auf halb so breiten alten »Shuttle«-Webstühlen. Das ergibt deutlich dichtere, fast brettartige Stoffe (die schon vom Aussehen her neben einer Massen-Jeans wirken wie ein alter Bentley neben einem Opel Vectra) sowie die bei Kennern äußerst beliebte Webkante, die durch Umkrempeln des Hosenbeins an den Stößen auch gern zur Schau getragen wird. Gefärbt wird der Denim bei »Evisu« auf traditionelle Weise, indem ein Strang Baumwollgarn durch ein Fass dunkelblauer Indigo-Farbe gezogen und anschließend unter dem Fabrikdach zum Trocknen aufgehängt wird – 16 bis 30 Mal nacheinander. Aber das kann man bei einer Jeans, die zwischen 150 und 500 Euro kostet, auch erwarten. Natürlich schlägt nichts von alledem das Original: eine echt antike »Levi's 501«, auch bekannt als »Big E«, wie Kenner sie wegen des zwischen 1936 und 1971 verwendeten großen »E« im Namenszug des Herstellers nennen. Spezielle Anbieter wie »Mr. Big E« verfügen über eine erkleckliche Auswahl, die Preise bewegen sich je nach Alter und Zustand zwischen 350 und

1.500 Dollar. Was nur wieder ein Indiz dafür ist, dass sich Weg-
werfen nicht lohnt.

Im Internet:
www.stitchsjeans.com
www.evisu.com

Der Jet

Das eigene Flugzeug war jahrzehntelang der Lackmus-Test dafür, ob es jemand wirklich bis ganz nach oben geschafft hat. Die Rede ist natürlich nicht von zweisitzigen Cessnas, in denen Zahnärzte oder Steuerberater am Wochenende den Luftraum unsicher machen. Sondern vom Privatjet, der für Geschäftsreisen genauso auf Abruf bereitsteht wie für spontane Shopping-Ausflüge nach Paris, mit denen die Verlegerin Aenne Burda angeblich ihre Flugbereitschaft auf Trab zu halten pflegte. Tatsächlich ist das Verreisen mit Linienfluggesellschaften ja selbst dann eine Zumutung, wenn man sich die guten oder sogar die noch besseren Plätze leisten kann, denn der Flugplan gilt ausnahmslos für alle Passagiere, und wem die ursprüngliche Destination plötzlich nicht mehr gefällt, der muss die Maschine schon mit Gewalt unter seine Kontrolle bringen. Was nur für unnötige Scherereien sorgt.

Inzwischen ist allerdings die private Fliegerei zumindest für Geschäftszwecke gar nichts Ungewöhnliches mehr und bereitet den Controlling-Abteilungen international operierender Unternehmen oft mehr Freude als den Fluggästen selbst. Denn im eigenen oder notfalls auch in einem gecharterten Jet lassen sich kleinere Reisegruppen mitunter sogar billiger und vor allem schneller transportieren als in der Economy-Klasse einer normalen Airline. Insbesondere, wenn es um den Besuch der neuen Produktionsstätte an irgendeinem entlegenen Ort in Osteuropa geht, wo die Arbeitskräfte zwar billig, die öffentlichen Flughäfen aber selten sind. Pech haben dann eigentlich nur die Manager, die früher bei Linienflügen Bonusmeilen für den nächsten Urlaubstrip sammeln und die Duty-Free-Shops leerkaufen konnten, denn das funktioniert im Firmenflugzeug leider nicht. Außerdem muss im Privatjet die ganze Zeit gearbeitet werden, weil ja die Kollegen dabei sind.

Die Hersteller und Betreiber privater Businessjets gehören zu den Profiteuren der Globalisierung, die Wachstumsraten sind enorm, das zweistrahlige Fluggerät mit sechs bis zwölf Sitzen und einer Reisegeschwindigkeit zwischen 700 und 900 Stundenkilometern entwickelt sich zum bevorzugten Transportmittel nicht nur von Konzernvorständen und erfolgreichen Mittelständlern, sondern zunehmend auch der gehobenen und mittleren Führungsebene, die schon heute rund 65 Prozent der Sitzplätze in Beschlag nimmt. Im Jahr 2002 landeten beispielsweise auf dem London City Airport gerade mal 2.000 Geschäftsflugzeuge, drei Jahre später waren es schon 7.000, und in nicht allzu ferner Zukunft soll sich diese Zahl noch einmal verdoppeln. Wenn das so weitergeht, trifft man in der Business Class der Lufthansa bald nur noch auf Studiosus-Reisegruppen oder auf upgegradete Economy-Passagiere. DaimlerChrysler jedenfalls unterhält für seine zwölf Maschinen sogar ein eigenes Luftfahrtunternehmen, das bei freien Kapazitäten auch an konzernfremde Unternehmen oder an Privatleute vermietet.

Überhaupt sind Privatjets heutzutage nur noch selten wirklich privat, sondern wegen der exorbitanten Wartungs- und Unterhaltskosten fast immer gechartert oder in der Hand einer Eigentümergemeinschaft. Ein Flugzeug, das am Boden steht, ist totes Kapital – was der Grund für den Erfolg von Firmen wie Netjets ist, dem weltgrößten Vermarkter von Teileigentum an Geschäftsflugzeugen. Dabei kaufen die Kunden für einen festgelegten Zeitraum Anteile in Stückelungen zwischen einem sechzehntel und einem halben Flugzeug, was einer Flugzeit zwischen fünfzig und vierhundert Stunden im Jahr entspricht. Die Kosten bewegen sich zwischen 100.000 und mehr als 20 Millionen Euro, hinzu kommt eine monatliche Managementgebühr sowie eine vierstellige Summe pro Flugstunde. Möglich ist auch der Erwerb so genannter Jet-Karten, die jeweils zu einer bestimmten Flugzeit berechtigen – je nach Jet-Typ kommt man mit diesem Modell ebenfalls auf mehrere tausend Euro je geflogene Stunde. Das einfache Chartern schlägt mit rund 500 Euro die Stunde für kleinere Propellermaschinen zu Buche, für größere Langstreckenjets sind schnell mehr als 5.000 Euro fällig. Allerdings schwanken beim Chartern die Preise entsprechend der Nachfrage ziemlich stark – und es besteht die Gefahr, dass das gewünschte Flugzeug bei Bedarf überhaupt nicht verfügbar ist.

Wer wirklich unabhängig sein will, wird sich also letztlich doch das eigene Flugzeug in den Hangar stellen müssen – zumal man es dann auch nach Belieben lackieren und einrichten kann. Für Anfänger empfiehlt sich in diesem Fall die 720 Stundenkilometer schnelle »Citation CJ 1« von Cessna, ein schnuckeliger Flieger für vier Gäste zum Preis von vier Millionen Dollar. Etwas geräumiger und schneller ist die »Citation Excel«: Sie transportiert bis zu acht Passagiere mit 800 Kilometern in der Stunde und kostet rund neun Millionen Dollar.

Das Problem besteht jedoch darin, dass selbst mit solchen Maschinen keine wirklich langen Strecken ohne Zwischenlandung zurückgelegt werden können – die holländischen Royals beispielsweise buchen deshalb bei Staatsbesuchen in fernen Ländern grundsätzlich die erste Klasse in einer Linienmaschine und steigen erst vor Ort in ihren königlichen Privatjet um, der schon mal vorausgeflogen ist, aber zwischendurch immer wieder aufgetankt werden musste. Abhilfe schafft da die Gulfstram 550, ein 46 Millionen Dollar teurer Interkontinentaljet für maximal 19 Gäste mit einer Reisegeschwindigkeit von 900 Stundenkilometern. Wem das immer noch nicht reicht, der lässt sich einfach ein Passagierflugzeug wie die Boeing 737 zur privaten Nutzung umbauen – komplett mit Wohnzimmer, Schlafgemach und Bädern. Die Spezialisten von »Lufthansa Technik« in Hamburg sind dabei gerne behilflich.

Im Internet:
www.netjets.com
www.cessna.com
www.gulfstream.com
www.lufthansa-technik.com

Der Kaffee

James Bond, der Geheimagent Ihrer Majestät, ist ja nicht nur ein großer Frauenversteher, sondern auch ein ausgewiesener Gourmet. Seinen trockenen Martini zum Beispiel genießt er bekanntlich am liebsten in einem tiefen Champagnerglas, bestehend aus drei Teilen Gordon's, einem Teil Wodka und einem halben Teil Kina Lillet. »Schütteln Sie das Ganze, bis es eiskalt ist, und garnieren Sie es mit einer dünnen Zitronenschale«, lautet die entsprechende Dienstanweisung an den Barkeeper in »Casino Royal«. In »Leben und sterben lassen« brilliert Bond dagegen ausnahmsweise mal als Kaffeekenner, wenn er beim Frühstück zufrieden vor sich hinmurmelt: »Aah, Blue-Mountain-Kaffee, der beste der Welt ...« Diese Expertise ist deswegen besonders glaubwürdig, weil Ian Fleming, Nullnullsiebens geistiger Vater, einen Wohnsitz auf Jamaika hatte und die Vorzüge der Arabica-Bohne von den Blauen Bergen des karibischen Eilands mit Sicherheit aus eigener Erfahrung kannte. Dort gedeiht sie nämlich in einer Höhe von gut 2.200 Metern auf einem durchlässigen Vulkanboden und wird regelmäßig von kühlen, feuchten Nebelschwaden umspielt: ideale Voraussetzungen für allerfeinstes Aroma – so zart und weich wie die Haut einer jungen Mulattin (um in der Bond'schen Metaphorik zu bleiben).

Das gesamte Anbaugebiet umfasst eine Fläche von gerade

einmal 6.000 Hektar, wobei die Plantagen auch noch in ständiger Gefahr stehen, wie im Jahr 1988 von Wirbelstürmen dezimiert zu werden. Jede Bohne wird in aufwendiger Handarbeit einzeln auf ihren Reifegrad überprüft, im richtigen Moment gepflückt und anschließend nach ihrer Größe sortiert, weil nur ein einheitliches Maß die perfekte Röstung garantiert. Erst mit einer Breite von mindestens 6,76 Millimeter und einer Höhe von 7,24 Millimeter erfüllt sie die Voraussetzung der höchsten Qualitätsstufe »Grade 1«. In Europa ist diese Ware kaum zu bekommen, denn neunzig Prozent der Jahresproduktion geht ohne Umwege nach Japan, wo man für eine Tasse des leicht nussig schmeckenden Blue-Mountain-Kaffees problemlos zehn Euro oder mehr verlangen kann. Die Wallenford-Plantage, einer der renommiertesten Produzenten in den Blue Mountains, versendet allerdings auch an Endabnehmer, ein halbes Pfund der begehrten Bohnen kostet umgerechnet rund 20 Euro – einschließlich Echtheitszertifikat, was angesichts der Unmengen an falschem Blue-Mountain-Kaffee auf dem Markt auch unbedingt notwendig erscheint.

Der Nachteil einer solch herausragenden Qualität besteht allenfalls darin, dass man nach dem ersten Schluck davon ein für alle Mal nichts mehr vom handelsüblichen Supermarkt-Kaffee wissen will. Wäre jedenfalls früher den Menschen die heutzutage verbreitete, säuerliche Brühe vorgesetzt worden, hätte sich der schwarze Sud nie und nimmer zum beliebtesten Getränk der Deutschen entwickelt, die ihn mittlerweile mit gutem Grund kaum noch ohne aufgeschäumte Milch zu sich nehmen.

Ein echter Blue-Mountain-Aufguss von frisch gemahlenen Bohnen hingegen benötigt keinerlei Zutaten – mit Ausnahme vielleicht von einem Tropfen Honig zum Nachsüßen.

Im Internet:
www.wallenfordblue.com

Der Kaschmir-Pullover

Müssen Sie bei Kaschmir-Pullis auch immer an die Königsallee, an Kampen oder Kitzbühel denken? Oder an die achtziger Jahre, als der Wohlstand ausschließlich im Westen zu Hause und irgendwie einfacher zu dechiffrieren war als heute? Finden Sie nicht auch, dass der Kaschmir-Pulli als Statussymbol etwas ungebrochen düsseldörfliches an sich hat, obwohl er doch eigentlich ein britisches Traditionsprodukt ist? Im 19. Jahrhundert waren es zunächst die fein gewebten Kaschmir-Tücher aus den nördlichsten Provinzen Indiens, die bei den Damen der englischen Gesellschaft eine regelrechte Besessenheit auslösten, später wurden die Haare der Kaschmirziege auf der Insel dann auch zu Strickwaren verarbeitet – bis irgendwann die Italiener aufgrund ausgeklügelter Fertigungstechniken diesen exquisiten Markt dominierten. Das ist bis heute so geblieben, obwohl viele renommierte Hersteller ihre Produktion mittlerweile von Italien in die Herkunftsländer des Rohstoffs verlagert haben, also insbesondere nach China, genauer gesagt in die Innere Mongolei. Die Region Kaschmir selbst spielt als Lieferant keine besonders große Rolle, eher noch die Mongolei und Kurdistan, seit einigen Jahren auch Australien und Neuseeland.

Aufgezogen wird die Kaschmirziege in kleinen Herden auf hochgelegenen Weiden, und je härter dort die klimatischen Bedingungen sind, desto höher fällt der Ertrag an weichem Flaumhaar aus. Nur dieses, das so genannte Duvet, ist für den Menschen von Interesse: Einmal im Jahr wird es entweder am lebenden Tier mit Holzkämmen vom groben Deckhaar getrennt oder aber haarbüschelweise von Sträuchern und Felsen aufgesammelt (geschoren werden können die Ziegen nicht, weil sie die rauen Temperaturen ohne ihr Deckhaar nicht überleben würden). Was dann folgt, ist eine Arbeit, die so eintönig und ermüdend ist, dass sie früher den Sklaven oder Kriegsgefangenen überlassen wurde: den zarten Duvet-Flaum von Verunreinigungen und Resten des Deckhaars zu trennen und anschließend nach Farben zu sortieren. Weißes Flaumhaar ist besonders begehrt und teuer, manche Firmen greifen deshalb lieber in die Trickkiste und bleichen es chemisch ein – das Ergebnis ist minderwertiges »white bleached cashmere«, das sich beim Waschen verformt und härter anfühlt als naturbelassene Ware.

Die höchste Qualität an Kaschmir-Garn, die von Spitzenverarbeitern wie etwa der toskanischen Strickwaren-Manufaktur Annapurna (»Aida Barni«) verwendet wird, besteht aus zwei miteinander verzwirnten Fäden. Ein aus diesem »cashmere two ply« gestrickter Pullover (ab circa 400 Euro) ist nicht nur haltbarer und robuster, er wirkt auch wesentlich kompakter, regelmäßiger und »fließender« als ein einfacher Billig-Kaschmir-Pulli. Außerdem gilt: Je dünner das Garn, desto feiner wird hinterher das Endprodukt. Bei »Cashmere two ply 28.000« ergibt ein Kilo Garn eine Fadenlänge von 28.000 Metern – der Begriff steht für eine kaum zu übertreffende Feinheit. Strickwaren aus diesem Material bilden auch nicht so viele dieser unschönen Knötchen aus, die nach einiger Zeit besonders gern an den strapazierten Stellen eines Pullovers oder einer Strickjacke entstehen. Empfindliche Naturen bleiben Kaschmir-Pullis allemal, nach jedem Gebrauch sollte man ihnen mindestens einen Ruhetag gewähren und sie am besten flach ausgebreitet auf dem Balkon übernachten lassen.

Noch ein Satz zum Thema »Pashmina«: Dieses Wort steht weder für eine besonders hochwertige Kaschmir-Qualität, geschweige denn für irgendein seltenes Tier, das die ominöse »Pashmina-Wolle« liefert. Ein »Pashmina« ist nichts anderes als ein Schal, der normalerweise aus einem Kaschmir-Seide-Gemisch gewebt wird. Aber weil der Begriff nicht geschützt ist, können eben auch die billigsten Kunstfaser-Wischtücher als »Pashminas« verhökert werden – was an Ständen in Fußgängerzonen und vor Kaufhäusern ja leider allenthalben passiert.

Im Internet:
www.annapurna-aidabarni.com

Der Kaviar

Erst wenn Heringe genauso teuer seien wie Kaviar, wüssten die Menschen sie auch entsprechend zu schätzen: Wer solche Sprüche macht, braucht sich kaum zu wundern, dass er nicht nur als Reichskanzler, sondern auch als Namenspatron von in Essig eingelegten Heringsfilets in die Geschichte eingeht. Dabei war Otto von Bismarck selbst alles andere als ein Kost- und Köstlichkeitenverächter, zu seinen fünfgängigen Mittagsmenüs gehörte neben Räucheraal ausgerechnet immer auch eine ordentliche Portion Kaviar. Freuen jedenfalls dürfen sich die Heringe, denn wenn ihnen tatsächlich die von Bismarck eingeforderte Wertschätzung zuteil geworden wäre, müssten sie heute wahrscheinlich um ihr Überleben kämpfen. So wie der Stör, dem zum Verhängnis wurde, dass sein Rogen zu den mit Abstand teuersten Delikatessen der Welt zählt.

Als die Sowjetunion Ende der achtziger Jahre zerfiel, verschwand allmählich auch die Überwachung der einstmals strengen Fangquoten für Störe. Mit der Folge, dass massive Überfischung (ebenso wie Umweltverschmutzung) den Fisch im Kaspischen Meer dezimiert haben: Derzeit werden in den klassischen Erzeugerländern Russland, Iran, Aserbaidschan und Kasachstan jedes Jahr nur noch rund 100 Tonnen des »schwarzen Goldes« aus dem Bauch des Störweibchens geerntet. Das entspricht in etwa der Menge, die 1993 allein nach Deutschland exportiert wurde; um 1900 sollen nur in Russland jährlich fast 400.000 Tonnen erzeugt worden sein. Folgerichtig ist seit April 1998 jedweder Import, Export oder Reimport von Kaviar ohne die notwendige Berechtigung sowie ohne den vorgeschriebenen tierärztlichen Kontrollnachweis und entsprechende Zollpapiere verboten. Anfang 2006 hat die Artenschutzbehörde der Vereinten Nationen sogar jeglichen Handel mit Kaviar aus freier Wildbahn untersagt, um eine Regeneration der Bestände zu ermöglichen – und damit gleichzeitig den ohnehin schon florierenden Kaviar-Schwarzmarkt beflügelt. Das Gros an Schmuggelware wird auf den Basaren im Herkunftsgebiet in großen Einmachgläsern verhökert, von Zwischenhändlern in die typischen blauen Dosen abgefüllt und meist ungekühlt in Teppichrollen versteckt nach Europa verfrachtet.

Was dagegen in der Spitzengastronomie auf den Speisekarten steht, stammt offiziell aus Reserven (oder wahrheitsgemäß aus europäischen Zuchtstationen).

Die Verknappung ist unter kulinarischen Gesichtspunkten alles andere als ein Gewinn, denn entweder hatte geschmuggelter Kaviar unter den miserablen Transportmethoden zu leiden, oder die Körnchen sind tatsächlich viel zu alt, um ihr unvergleichliches Aroma zu entfalten. Besonders russischer Kaviar, der traditionell mit gut doppelt so viel Salz konserviert wird wie die iranische Variante, wird nach einiger Zeit immer kräftiger und taugt irgendwann allenfalls noch zur Dekoration. Da hilft dann auch die als Gütesiegel gebräuchliche, aber unpräzise

Bezeichnung »Malossol« (was auf Russisch »wenig Salz« bedeutet) nicht so recht weiter. Guter Kaviar schmeckt zwar nach Meersalz, vor allem aber nach Meer und Jod, mit leicht nussigen Anklängen. Bei der klassischen Verkostung nimmt man zunächst mit einem Löffelchen aus Perlmutt, Horn oder Schildpatt etwas Kaviar auf den Handrücken und riecht daran. Dann leckt man die Probe ab, behält sie für einige Sekunden auf der Zunge und zerdrückt die Eier am Gaumen. Wenn sich dabei ein fischiges Aroma entfaltet, spricht das nicht für Qualität. Verdorbene Ware riecht sogar säuerlich und ist nicht nur ungenießbar, sondern ebenso gesundheitsschädlich wie unfachmännisch aufbereiteter oder nicht ausreichend gereinigter Rogen, dessen Bakterienkonzentration meist sämtliche Grenzwerte übersteigt.

Die diversen Kaviar-Sorten haben ihre Namen von den unterschiedlichen Fischen. Als feinster und teuerster Kaviar gilt Rogen vom bis zu sechs Meter langen und 2.000 Kilo schweren Beluga-Stör, einer hochgradig gefährdeten Spezies. Mit einem Durchmesser von 3,5 Millimeter sind die dunkelgrauen Körner besonders groß, ihr Geschmack ist außergewöhnlich komplex. Aber nur knapp drei Prozent der Gesamtproduktion stammen vom Beluga, daher der hohe Preis von gut 250 Euro je 100 Gramm. Ein typischer »Männer-Kaviar« ist der würzige, stahlgraue Sevruga von den mit anderthalb Metern Maximallänge kleinsten Stören, die Körner sind mit einem Durchmesser von zwei Millimetern entsprechend winzig. Die silbergrauen bis bräunlichen Eier vom etwas größeren Osietra-Stör wiederum sind wegen ihres außergewöhnlich feinen, leicht nussigen Geschmacks vor allem bei Frauen beliebt, diese Sorte macht rund 80 Prozent allen Kaviars aus. Osietra von älteren Tieren ist unter der Bezeichnung »Imperial« im Handel, eine besonders delikate Selektion und annähernd so teuer wie Beluga. Eine ganz ausgefallene Delikatesse ist schließlich der so genannte goldene Kaviar (»Almas«) mit seinem außergewöhnlich zarten und cremigen Aroma. In der Regel handelt es sich dabei um den gelblichen Rogen von Albino-Stören, im Iran hatte einstmals nur der Schah das Recht darauf, sich an dieser Köstlichkeit zu delektieren.

Fangperioden für Kaspischen Stör sind die Monate April und November, traditionell muss der Fisch an Land mit der Hand bewusstlos geschlagen werden, weil hochwertiger Kaviar aus einem noch lebenden Tier stammt. Nach der Entnahme des Rogens trennt ein Kaviarmeister die verschiedenen Sorten voneinander und unterteilt die Eier entsprechend ihrer Größe, Farbe und Reife in die jeweiligen Güteklassen. Sie werden dann zum Entfernen der Membran vorsichtig durch ein Sieb gerieben, mit kaltem Wasser gereinigt, in Fässer gefüllt und die Oberfläche mit reinem Salz bestreut. Über die heikle Frage der beizugebenden Salzmenge entscheidet ebenfalls der Kaviarmeister, sie ist nicht nur für den Geschmack wichtig, sondern auch für Konsistenz und Struktur der fertigen Ware.

Der Konsument hingegen darf sich mit ganz anderen Problemen herumschlagen, nämlich zuerst mit der Beschaffung und der Lagerung. Vertrauenswürdige Händler wie beispielsweise Bos-Food in Meerbusch, der Filialist »Caviar House« oder

der Pariser Feinkosthändler Petrossian werden zumindest durch deutliche Beschriftung mit Haltbarkeitsdatum sowie durch eine zusätzliche Verpackung für Qualität garantieren. Geschlossene Dosen sollten im Kühlschrank aufbewahrt und von Zeit zu Zeit gewendet werden, damit sich das natürliche Öl stets gut zwischen den Eiern verteilt. Einmal geöffnet, empfiehlt es sich, den Kaviar schnell zu verbrauchen, weil er schon nach einer halben Stunde zu oxidieren beginnt.

Aber wie verbraucht man Kaviar überhaupt? Jedenfalls nicht in kleinen Mengen, 125 Gramm für zwei Personen sollten es schon sein, damit der ganze Zauber sich entfalten kann. Wer 500 Euro für solch eine Zweierportion ausgegeben hat, braucht sich dafür wenigstens um die weitere Präsentation keine Gedanken zu machen, denn die geöffnete Dose kommt auf einer gekühlten Platte direkt auf den Tisch. Und was dazu? Klassische Beilagen sind gebutterter Toast und Blinis oder gekochte Kartoffeln mit französischer Crème fraîche. Wodka ist zum Herunterspülen schon deswegen ganz gut geeignet, weil er kaum Eigengeschmack hat und das Kaviar-Aroma nicht überdeckt. Wer nach dem Essen noch etwas vorhat, kann sich auch mit einem Glas Champagner oder einem trockenen Chablis behelfen.

Im Internet:

www.bosfood.de

www.caviar-house.de

www.petrossian.fr

Der Koffer

Als Ötzi, die spätere Eismumie, vor ungefähr 5.000 Jahren in den Bergen unterwegs war, hatte er seine paar Habseligkeiten in einer Art Gürteltasche verstaut: Steinklingen, eine Knochenahle und einen Zunderschwamm. Also nicht einmal das Allernötigste, denn mit der richtigen Kleidung im Gepäck wäre er ja wohl kaum einem plötzlichen Wetterumschwung zum Opfer gefallen. Aber so ist das eben auf Reisen: Man hat meistens zu wenig dabei – und wenn nicht, dann zumindest das Falsche.

Tatsächlich war der reisende Mensch Tausende von Jahren den Gesetzen der Ökonomie in ganz besonders strenger Weise unterworfen und dazu angehalten, Maximierung unter Nebenbedingungen zu betreiben: möglichst viel Komfort, ohne unter der Last der mitgeschleppten Dinge zusammenzubrechen. Doch während der Stauferkaiser Friedrich II. keine Reise ohne Hofstaat unternahm und nicht einmal auf seine Falken verzichten mochte, war des einfachen Reiters Stauraum wenig mehr als ein hinter dem Sattel befestigtes Bündel.

Später, im Zeitalter der Pferdekutschen, bestand das Gepäck umherschweifender Adeliger meist aus Truhen, die zu Hause noch als Möbel dienten, woraus im Zuge einer sich herausbildenden Reiseindustrie handlichere Reisekisten aus einem mit Leder bespannten Holzgerüst wurden. Der Koffer war geboren und erlebte seine Formvollendung in der ersten Hälfte des 20. Jahrhunderts, als Männer wie Robert Goyard, Émile-Maurice Hermès oder Gaston-Louis Vuitton das Sortiment ihrer aus Sattlereien oder Kistenmachereien hervorgegangenen Manufakturen auf die Bedürfnisse einer mobilen upper class ausrichteten. Reisen bedeutete damals allerdings noch Lustgewinn und Exklusivität, und wer sein Gepäck im Grandhotel dem Pagen überließ, wusste es in besten und noch dazu behandschuhten Händen. Heute dagegen muss der fliegende Globetrotter selbst dann um das Wohlergehen seines Koffers fürchten, wenn am Griff ein »priority luggage«-Bändchen der Business-Class baumelt. Denn grundsätzlich gilt: Hinter der Gummilappen-Sichtblende eines Gepäckförderbandes tut sich auf jedem Flughafen der Welt eine Kofferhölle voller Kofferhasser auf, deren Berufsethos darin zu bestehen scheint, das Gepäck der Passagiere so brutal zu malträtieren, dass selbst robusteste Hartschalenkoffer aus Plastik oder Aluminium zerbeulen, aufplatzen oder gleich ganz auf Nimmerwiedersehen verschwinden.

Unter diesen Umständen zeugt die Anschaffung eines hochwertigen Lederkoffers von einem geradezu bewundernswerten Maß an Weltfremdheit oder Gottvertrauen – was ja schon mal zwei gute Gründe dafür sind, überhaupt das Weite zu suchen. Machen wir uns also den Satz des Schriftstellers Blaise Cendrars zu Eigen, wonach »aufbrechen heißt, zu Vuitton zu gehen«. Und sehen wir großzügig darüber hinweg, dass der überwiegende Teil aller Vuitton-Koffer wohl eher zu einem Dasein als Couchtisch im heimischen Wohnzimmer verdammt ist. Jedenfalls wird in den berühmten Werkstätten von Louis Vuitton in Asnières vor den Toren von Paris noch traditionelle Handwerkskunst in Reinkultur gepflegt. Hier entstehen allerdings nicht die vielen Handtäschchen mit dem aufdringlichen »LV«-Logo und alle sonstigen überteuerten Accessoires, sondern nur Reisetruhen, Koffer sowie etliche Spezialanfertigungen, die den Ruhm des Unternehmens einst begründet haben.

Ein Koffermacher bei Vuitton beherrscht sämtliche Stationen der Kofferproduktion in Perfektion: vom Schreinern des Korpus aus leichtem Pappel- und stabilem Buchenholz für die äußeren Latten über die Herstellung des Scharniers aus Baumwolle bis zur Ausstattung mit Schubladen, Gestellen und Fächern. Die Außenhaut eines rund 2.500 Euro teuren Reisekoffers besteht übrigens aus kunststoffbeschichtetem Leinengewebe, und wer gar 19.000 Euro für einen massiven Schrankkoffer oder noch mehr Geld für eine Sonderanfertigung zum Transport seiner Querflöte, seiner Fotoapparate, Kosmetika, Schallplatten oder – wie die Schauspielerin Sarah Jessica Parker – der Windeln aufbringt, kann sich wahrscheinlich auch Reisen leisten, bei denen ein pfleglicher Umgang mit dem Gepäck einigermaßen gewährleistet ist.

Schon immer etwas gediegener als die Konkurrenz, man könnte auch sagen, eine Klasse für sich, waren die Erzeugnisse des Pariser Familienunternehmens Hermès. 1837 als Werkstatt für Pferdegeschirr und Sattlerartikel gegründet, dehnte Émile-Maurice Hermès in den zwanziger Jahren den Aktionsradius auf Lederwaren »mit Sattlernähten« aus. Die extrem elegante, perfekt verarbeitete »Valise Herlight« aus Rindsleder mit Reißverschluss beispielsweise ist eher für kurze Trips gedacht und wird von manchen Kunden auch als Tasche für den Laptop verwendet. Bei Preisen zwischen – je nach Größe – 4.500 und 7.000 Euro lohnt es sich unbedingt, nicht nur den Inhalt, sondern auch das Köfferchen selbst ausreichend gegen Diebstahl zu versichern.

Ebenfalls ein Klassiker, wenngleich zwischenzeitlich beinahe vergessen, ist der Reisegepäckhersteller Goyard mit Sitz an der Rue Saint-Honoré in Paris. Die Herzogin von Windsor ließ sich dort Ende der vierziger Jahre eine komplette Gepäckserie anfertigen, einschließlich eines Spezialkoffers für 35 Paar Schuhe. Seit einiger Zeit sind die berühmten Koffer aus Pappelholz und kautschukimprägniertem Segeltuch mit Fischgrätmuster wieder unglaublich en vogue, was nicht zuletzt dem umtriebigen neuen Eigentümer geschuldet sein dürfte: Jean-Michel Signoles, der Goyard 1998 aus Familienbesitz erwarb, war nicht nur seit langem schon ein leidenschaftlicher Sammler antiken Reisegepäcks, sondern vor allem auch ein höchst erfolgreicher Manager der Textilbranche. Die Wartezeiten betragen für einen normalen Goyard-Koffer (von 3.000 Euro an) vier bis sechs Monate, für bis zu 60.000 Euro teure Sondergrößen muss man sich ein Jahr gedulden.

Ein Geheimtipp sind hingegen die Lederkoffer der Münchener Firma Marstaller, ehemaliger königlich-bayerischer Hofsattler und heute auf Aluminiumkoffer für die Filmindustrie spezialisiert. Ein in Handarbeit maßgefertigtes Stück ist schon

für 1.500 Euro zu haben – womit noch genug Geld für einen gepflegten Club-Urlaub übrig wäre.

Im Internet:
www.louisvuitton.com
www.hermes.com
www.goyard.com
www.marstaller.de

Der Koi

»Das Weiß des weißen Koi – ein makelloses spiegelndes Schnee-königinnenweiß! Ein Weiß, das weißtrunken macht und farben-süchtig zugleich. Schwimmt ein Rot vorüber, überzieht den Fisch ein Blütenschimmer, als sei er ein rosablühender Bauern-rosenstrauch, und dem Gelb im Schwarm wirft er Hunderte winziger Zitronenechos zu.« Es kommt wahrscheinlich nicht oft vor, dass ein Dichter so gefühlvoll in seine Laute greift, nur um einen Fisch zu besingen. Aber Hölderlin-Preisträger Reiner Kunze, von dem die Zeilen stammen, hat sich ja auch nicht vom einfachen Stichling inspirieren lassen, sondern von den Köni-gen unter den Zierfischen, eben den Koi. Eine Leidenschaft, die Kunze übrigens mit etlichen anderen Menschen teilt, die Koi-Gemeinde ist größer, als man denkt. Allerdings verlieren dar-über die wenigsten viele Worte – es muss ja nicht jeder wissen, dass im Gartenteich ein paar Tausend-Euro-Fische gemächlich ihre Bahnen ziehen. Dieter Bohlen und der Fußballtrainer Chris-toph Daum gehören zu den wenigen Prominenten, die sich zu ihrem exklusiven Hobby bekennen.

Niemand käme heute auf die Idee, einen farbenprächtigen Koi zu braten, dabei dienten seine Ahnen den Bewohnern der ja-panischen Provinz Niigata als ganz profane Speisekarpfen. An-fang des 18. Jahrhunderts fielen den dortigen Züchtern dann erstmals Farbmutationen auf, zunächst in Rot, Weiß und Gelb, durch Kreuzungen kamen später weitere Varietäten hinzu. In Europa sind heute der Kohaku mit seiner rot-weißen Musterung sowie der weiße Tancho mit dem markanten roten Fleck auf der Stirn am bekanntesten. Schöne Exemplare mit sauberen Übergängen zwischen den Farben kosten knapp 2.000 Euro, bei perfektem Körperbau, außergewöhnlicher Größe und wohlproportionierten Flossen steigt der Preis schnell auf mehr als 30.000 Euro. Allerdings wird so ein Koi auch bis zu achtzig Jahre alt und erkennt seine Besitzer schon am Schritt beim Herannahen an den Karpfenteich. Auch saugt sich manch schwimmender Edelstein gern an Extremitäten wie Fingern oder Zehen fest, was manchen Besitzer in geradezu erotische Verzückung versetzt.

Koi aus deutscher Zucht gibt es mittlerweile sogar in Baumärkten zu kaufen, aber bei solch einer Abstammung finden diese ihren Platz wohl am ehesten im Schrebergarten neben dem Karottenbeet. Der wahre Connaisseur bezieht seinen Koi natürlich nur aus Japan, der »Blutlinie« wegen, wie man in Fachkreisen sagt. Top-Züchter wie Ogata, Sakai, Konishi oder Hirasawa genießen in der Szene einen Ruf wie Donnerhall, der japanische Koi-Sammler Masao Kato, ein schwerreicher Industrieller, hat sogar das ganze Land mit einem Netzwerk aus Informanten überzogen, die ihm über jedes hoffnungsvolle Jungtier Meldung erstatten. Wer erst einmal sein Herz an die bunten Karpfen verloren hat, dem ist eben kein Aufwand und kein Preis mehr zu hoch, er wird dafür beim Betrachten seiner Lieb-

linge mit einem Gefühl der vollständigen Kontemplation ent-
lohnt. Es sei denn, ein Fischreiher kreist gerade hungrig über
dem Teich.

Im Internet:
www.ogatakoi.com
www.sakai-ff.com
www.konishi-koi.com

Die Krawatte

Die Krawatte steht im Ruf, das nutzloseste Kleidungsstück der Welt zu sein, weil sie weder wärmt noch Blöße bedeckt oder wenigstens den Kragen zusammenhält. Diese utilitäre Herangehensweise ist natürlich völliger Blödsinn, zumal es sich bei der Krawatte um eines der vielseitigsten Accessoires überhaupt handelt: Man kann sich in einer ausweglosen Situation mit ihr aufhängen, man kann einander damit ans Bett fesseln, und bei besonders stabiler Seide lässt sich sogar ein Kleinwagen damit abschleppen. Außerdem hat die Krawatte schon milliardenfach als Verlegenheitsgeschenk gedient und somit für innerfamiliäre Entkrampfung an Heiligabend gesorgt. Ganz konventionell um den Hals geschlungen, erfüllt sie nicht zuletzt eine Signalfunktion: Bestimmte Muster künden von der Mitgliedschaft in einem angesehenen Herrenclub oder von der überstandenen Ausbildung an einer englischen Eliteuniversität, ein neckischer Mickymaus-Aufdruck sagt: »Ich arbeite als Programmierer bei einer Versicherung, bin aber trotzdem gut drauf.«

Womit wir auch schon bei einer komplizierten Untiefe des Krawattentragens angelangt wären. Der Frage nämlich, ob Honoré de Balzac mit seiner Aussage recht hatte, wonach sich der Charakter eines Mannes in dessen Krawatte manifestiere. Viele Politiker haben jedenfalls lange daran geglaubt, allen voran Ronald Reagan, der mit seinem roten Fernsehansprachen-Schlips immer einen besonders mannhaften und entscheidungsfreudigen Eindruck vermitteln wollte. Leider taten es ihm irgendwann so viele Entscheidungsträger nach, bis selbst Landräte in der niederbayerischen Provinz glaubten, zum Starkbier-Anstich im Festzelt unbedingt eine rote Krawatte umlegen zu müssen. Kurzum: Balzac lag richtig – ein und dieselbe Krawatte kann völlig unterschiedliche Wesensmerkmale hervorheben, es kommt eben nur darauf an, wer sie trägt. Und wie er sie trägt. Giovanni Agnelli beispielsweise ließ seinen Binder mitunter unbekümmert über dem Pullover baumeln, was am Fiat-Boss zupackend-forsch wirkte, bei einem vertrottelten Bilanzbuchhalter hingegen ganz anders empfunden worden wäre.

Richtig kompliziert wird die Sache aber erst, wenn noch die diversen Bindetechniken in Betracht gezogen werden. Der »Onassis-Knoten« etwa geht auf den gleichnamigen griechischen Reeder zurück, dessen Erfindung darin bestand, der Krawatte durch Überwerfen des vorderen Teils über den Knoten ein derart wuchtiges Aussehen zu verleihen, dass sie nur als Sinnbild für das gewaltige Ego ihres Trägers verstanden werden konnte. Weniger imposante Männer sollten sich mit dem traditionellen »Windsor« zufriedengeben, der seinerzeit durch Edward VIII. von England – einer als Stilikone leider in Vergessenheit geratenen Persönlichkeit – hof- und salonfähig gemacht wurde. Ganz unbedarfte Naturen wählen die »Methode Fred Astaire« und legen die Krawatte einfach ungeknotet um den Hals.

Zum Glück gibt es wenigstens bei den Qualitätsmerkmalen

einigermaßen objektivierbare Kriterien in der Krawattenkunde. Das fängt natürlich bei der Seide an, die zugunsten einer effektvollen Optik mit farbigen Kettfäden gewebt sein sollte. Die Einlage einer hochwertigen Krawatte wiederum besteht aus reiner Schurwolle, weil sie sich dann einfacher knoten lässt und nach Gebrauch schneller wieder glättet. Exklusive Manufakturen wie etwa Finamore oder Luigi Borrelli aus Neapel verzichten ganz auf eine Einlage und stellen ihre Modelle noch in der Seven-Fold-Technik her, bei der der Seidenstoff siebenmal gefaltet wird – was einen entsprechend hohen Materialeinsatz erfordert und noch dazu schwerer zu knoten ist, dafür aber in gebundenem Zustand ein geradezu barockes Volumen ergibt. In jedem Fall muss eine gute Krawatte handgebügelt und zumindest deren innere Naht mit einem einzigen Faden von Hand gefertigt sein, um ihr die nötige Elastizität und Anschmiegsamkeit zu verleihen. Das ist allerdings bei weniger als einem Prozent der jährlich 800 Millionen auf der ganzen Welt produzierten Krawatten der Fall.

Insofern liegt es auf der Hand, dass einige der verbliebenen Krawatten-Handwerker Weltruhm genießen, zumindest in gewissen Kreisen: George Bush, Jacques Chirac und Tony Blair beispielsweise teilen ein Faible für die rund hundert Euro teuren Unikate des Neapolitaners Maurizio Marinella. Der nimmt sogar eigenhändig Maß, damit sich die Krawatte exakt auf der Höhe des Hosengürtels einpendelt. Wer einfach nur mal einen Blick auf die aktuelle Kollektion werfen will, sollte allerdings früh aufstehen. Das Ladengeschäft an der Riviera di Chiaia ist nämlich gerade mal so groß wie ein Wohnzimmer – und schon am späten Vormittag Anziehungspunkt für Krawattenenthusiasten aus der ganzen Welt.

Im Internet:

www.finamore.it

www.marinellanapoli.it

Die Kreuzfahrt

Meine erste Kreuzfahrt trat ich im zarten Alter von 28 Jahren an – mehr aus Zufall denn aus Neigung. Ich war damals zwar ungefähr fünfzig Lenze jünger als der durchschnittliche Passagier an Bord, aber es war trotzdem eine interessante Erfahrung. Zum Beispiel hatte ich nicht geahnt, dass man wochenlang den ganzen Tag über praktisch ununterbrochen essen kann. Besser gesagt: Man muss es tun, die ständige Nahrungsaufnahme scheint nämlich das zentrale Wesensmerkmal einer Kreuzfahrt zu sein. So strukturierten sich also die Stunden zwischen Morgengrauen und Mitternacht nach den sechs Hauptprogrammpunkten: erstes Frühstück, zweites Frühstück, Lunch, Teatime mit Sandwiches, Abendessen, späte Suppe. Zwischendurch wurden dann meistens noch irgendwelche Snacks gereicht. Das Animationsprogramm an Bord war natürlich ebenfalls sehr üppig, aber ich konnte mich des Eindrucks nicht erwehren, dass die Bridge-Kurse, die naturkundlichen Vorträge oder die Shuffleboard-Partien nur den einzigen Zweck hatten, jenen schmalen Leerraum zu überbrücken, der sich zwischen den einzelnen Mahlzeiten auftat. Insofern ist es auch ziemlich egal, ob man das Mittelmeer durchkreuzt, Südamerika umschifft oder, wie in meinem Fall, die Kleinen Antillen abklappert – Hauptsache, die Küche arbeitet zuverlässig und ohne Unterlass. Apropos Kleine Antillen: Die karibische Inselwelt eignet sich aufgrund ihres eklatanten Mangels an Sehenswürdigkeiten ganz hervorragend für eine Kreuzfahrt, denn länger als einen Tag braucht man da wirklich nirgendwo zu bleiben. Aber das ist, wohlgemerkt, meine ganz private Meinung.

Darum geht es jedoch gar nicht, sondern um die Frage, welches der vielen Kreuzfahrtschiffe denn nun das luxuriöseste sei. Und die ist relativ einfach zu beantworten: Es ist die »MS Europa« der Reederei Hapag Lloyd. Das behauptet nicht nur der »Berlitz Cruise Guide«, dessen Autor Douglas Ward seit mehr als zwanzig Jahren als gefürchteter Tester zur See fährt und der »MS Europa« als bisher einzigem Kreuzfahrtschiff das Prädikat »5 Sterne plus« verliehen hat. Auch viele andere Branchenkenner zollen der 200-Meter-Jacht uneingeschränkten Respekt, was den Service und die Ausstattung angeht. Mit einer Kapazität von 408 Passagieren (um die sich 275 Besatzungsmitglieder kümmern) ist dieser Nobeldampfer geradezu winzig im Vergleich zu anderen 3.000-Gäste-Pötten, aber genau das ist es ja, was seine Exklusivität ausmacht. Wenn altgediente Mitglieder der Europa-Crew von einem »Sanatorium auf See« sprechen und sich über die inoffizielle Dienstanweisung: »alles, was sich bewegt, wird gegrüßt, alles andere wird gestrichen« mokieren, dann doch nie ohne die gebührende Hochachtung. Das Personal ist bekannt dafür, den Passagieren jeden nur erdenklichen Wunsch von den Augen abzulesen, und irgendwie scheint ihnen das auch besonders gut zu gelingen – jedenfalls schwärmen viele Gäste von einem Service und einer Freundlichkeit, die selbst in den besten Grandhotels nicht mehr geboten würden.

Die »MS Europa« verfügt über insgesamt 192 Kabinen in einer Größe von jeweils 27 Quadratmetern, hinzu kommen zehn Suiten à 45 Quadratmeter sowie zwei »Grand Suiten« mit 83 Quadratmetern auf dem Penthouse-Deck. Je tiefer das Deck im Schiff gelegen ist, desto günstiger sind die Tarife: Ganz unten geht es mit rund 600 Euro pro Tag und Person los, von Stockwerk zu Stockwerk muss man mit einem Aufschlag von ungefähr 200 Euro rechnen. Eine Weltumrundung in 157 Tagen schlägt mit 177.000 Euro zu Buche, wenn es die große Suite sein soll. Übrigens: Oben ist zwar die Aussicht besser, aber unten gibt es weniger Vibrationen.

Jetzt zum Wichtigsten, der Verpflegung. Die drei Bordrestaurants »Europa« (internationale Küche), »Oriental« (euroasiatisch) und »Venezia« (italienisch) werden im »Gault Millau« mit Wertungen zwischen 15 und 16 Punkten geführt, was durchaus beachtlich ist. Noch beachtlicher aber ist die Tatsache, dass die Gäste à la carte wählen können und auch nicht wie auf anderen Schiffen nacheinander in zwei Durchgängen abgespeist werden – auf der intimen »MS Europa« kommt man mit einer »Sitzung« aus. Außerdem werden regelmäßig Spitzenköche vom Festland für einen oder zwei Tage eingeflogen, um die Passagiere kulinarisch zu überraschen. Nur für den Fall überraschender Völlegefühle: Der Fitnessraum befindet sich auf dem Sport-Deck. Und eine Trainerin ist auch immer an Bord.

Fünf goldene Regeln für Kreuzfahrt-Touristen:

1. Sprechen Sie nie über Seekrankheit.

2. Langweilen Sie die anderen Passagiere nicht mit Geschichten von früheren Kreuzfahrten.

3. Himmeln Sie den Kapitän nicht an, auch wenn er in seiner Uniform noch so fesch aussieht.

4. Laufen Sie nach 18 Uhr nicht mehr in Jeans und Pullover über Bord. Bei besonderen Anlässen sind zudem Smoking und Abendkleid angesagt.

5. Auch wenn die Reise noch so teuer war, suchen Sie nicht ständig nach einem Grund, sich bei der Crew zu beschweren.

Im Internet:
www.hlkf.de

Das Küchenmesser

Bei manchen Hobbyköchen hat man den Eindruck, dass sie weniger an den Speisen selbst interessiert sind als vielmehr an dem zur Zubereitung benötigten Instrumentarium – ähnlich wie den meisten so genannten Audiophilen die Musik herzlich egal ist, nicht aber der Durchmesser und die Beschaffenheit eines Lautsprecherkabels. Und was dem einen sein Röhrenverstärker, ist dem anderen sein Messer: zentrales Objekt der kultischen Verehrung, Gegenstand ausufernder Diskussionen, Sammlerstück, Vorzeige-Artefakt. Da darf es natürlich nicht das gute alte Schneidewerkzeug aus Solinger Fabrikation sein, auch wenn man sich dort längst auf das Schmieden von »Santoku« (Universalmesser), »Deba« (für Fisch mit Gräten oder Fleisch mit Knochen) und »Petti-Knive« (zum Gemüseschneiden) versteht. Aber das echte japanische Messer kommt eben immer noch aus Japan, vorzugsweise von der Firma »Aritsugu« aus der alten Kaiserstadt Kyoto. Allein der exotische Name verheißt Tradition, Mystik – und steht seit knapp 450 Jahren für fernöstliches Qualitätsbewusstsein.

Tatsächlich begründete Aritsugu seinen Ruf anno 1560 mit der Herstellung von Samuraischwertern, aber weil das Eiland im 17. und 18. Jahrhundert relativ friedliche Zeiten erleben durfte, verlegte man den Schwerpunkt der Produktion auf häusliches Gerät und brachte es damit immerhin zum kaiserlichen Hoflieferanten. Heute wird das Unternehmen in 18. Generation von Shinichiro Terakubo geleitet, der die Verkaufslizenzen für seine von Meisterhand geschmiedeten Kunstwerke nur an persönlich ausgewählte, in der Kunst des Messerschleifens ausgebildete Experten vergibt. Denn der Umgang mit Messern in der Küche ist für Japaner alles andere als das banale Zerteilen von Nahrungsmitteln, vielmehr schließt die Vollkommenheit, mit der japanische Speisen angerichtet werden, auch deren Zubereitung ein. Und dazu gehören selbstverständlich perfekte Schneidetechniken, saubere Schnittkanten sind ein Muss.

Während europäische Messer aus einem einzigen Stahl bestehen, wird die japanische Variante aus der Verbindung von weichem Eisen und einem harten Stahl als Schneideschicht gefertigt. Auf diese Weise entstehen geradezu organische Produkte, denen nach Überzeugung japanischer Meisterköche – und kaum einer von ihnen würde auf Aritsugu verzichten – Leben innewohnt. Aus diesem Grund wird für diese Messer auch eine buddhistische Totenmesse gehalten, bevor sie irgendwann aus ihrem langen Berufsleben scheiden und eingeschmolzen werden. Wer rund 750 Euro in ein Dreierset aus Santoku, Deba und Petti-Knive investiert, wird mit dem Schneiden gar nicht mehr aufhören wollen.

Im Internet:
www.kinya.de

Die Limousine

Beim Autofahren ist die Markentreue bekanntlich besonders groß: Wer im Käfer gezeugt wurde, im Golf den Führerschein gemacht und sein Dasein als Familienvater mit dem Kauf eines Passat Variant gekrönt hat, steigt im Alter nicht plötzlich in einen BMW. Genauso würden eingefleischte BMW-Fahrer sich schwer damit tun, müssten sie auf einmal im Mercedes herumfahren. Und Mercedes-Anhänger wechseln schon deshalb nicht den Hersteller, weil sie die mögliche Erkenntnis fürchten, ihre besten Jahre im falschen Auto verbracht zu haben. So hatte denn auch alles für sehr lange Zeit seine liebe Ordnung, bis sich die Automanager irgendwann sagten: »Was haben wir eigentlich für unsere Kunden im Programm, die so richtig viel Geld raushauen wollen und uns trotzdem nicht gleich untreu werden möchten?« Frohen Mutes kauften sie deshalb alteingesessene Karosseriebauer mit noblem Image ein (VW leistete sich Bentley), schnappten sich deren Namensrechte (BMW die von Rolls-Royce) oder ließen Legenden einfach wieder aufleben (Maybach unter den Fittichen von Mercedes). Doch worauf muss die angestammte Klientel sich beim Vordringen ins Segment der Premium-Limousine einstellen?

VW-Fahrer haben es am besten getroffen, denn sie bekommen ein prima Auto für wenig Geld. Zumindest ist der Bentley

»Continental Flying Spur« mit einem Einstiegspreis von rund 200.000 Euro das Schnäppchen unter den Luxus-Limos. Und mit 300 Stundenkilometern Spitzengeschwindigkeit ein echter Rennwagen noch dazu. Nörgler nennen den Bentley »Continental« einen aufgemotzten Phaeton, wohlwollende Kritiker loben sein leichtfüßiges Fahrverhalten, die hervorragende Straßenlage, ein vorzügliches Fahrwerk sowie die einer Leistung von 559 PS und dem Allradantrieb geschuldete Agilität. Dieses Auto will man selber fahren, anstatt es dem Chauffeur zu überlassen – zumal der Fond ohne Picknicktische, Kleiderhaken, Schminkspiegel und vernünftige Leselampen sowieso nicht besonders viel hergibt.

BMW-Fahrer dürfen sich in dieser Hinsicht über mehr Komfort freuen: Sie erwartet im Fond des Rolls-Royce »Phantom« eine veritable Ledersofa-Landschaft auf knöchelhohem Teppichflor, zu der man auch noch standesgemäß durch nach hinten sich öffnende »Portaltüren« gelangt. Unter der Kühlerhaube verrichtet ein gewaltiger, 460 PS starker Zwölfzylindermotor in aller Ruhe seinen Dienst, und wir würden uns auch überhaupt nicht mokieren, wenn der »Phantom« von vorne nicht aussähe wie ein griechischer Tempel, von hinten aber wie ein Einfamilienhaus. Andererseits sind BMW-Fahrer durch die Siebener-Reihe mit dem umstrittenen »Bangle-Butt« gewagte Design-Experimente im Heckbereich ja gewohnt. Wolfgang Peters von der »Frankfurter Allgemeinen Zeitung«, der Marcel Reich-Ranicki unter den Autokritikern, bezeichnet den Rolls-Royce »Phantom« gar als die »Karikatur eines Nobelautos« und berichtet davon, wie während einer Testfahrt die Menschen am Straßenrand mit obszönen Gesten, heftigen Grimassen oder dem Tippen des Zeigefingers an die Stirn auf das Gefährt reagierten. Für knapp 400.000 Euro ein teurer Witz.

Mercedes-Fahrer müssen noch tiefer in die Tasche greifen: Der Maybach »57 S« kostet 440.000 Euro, bringt mit 612 PS aber auch am meisten Kraft auf. Seine Mercedes-Abstammung ist ihm äußerlich anzumerken – der Maybach wirkt ein bisschen wie ein S-Klasse-Benz, der die Auto-Aufmotz-Show »Pimp my Ride« durchlaufen hat. Immerhin: Die Beschleunigung ist beträchtlich (von null auf hundert in weniger als sechs Sekunden), wer darauf abfährt, kann mit dem handlich-munteren »57 S« auch einfach mal fröhlich die Landstraßen runterheizen. Oder wie Maybach-Entwicklungsleiter Rainer Leucht es etwas gewählter formulierte: Dieses Auto sei genau die richtige Wahl für den »engagierten Selbstfahrer«.

Im Internet:

www.bentleymotors.com
www.rolls-roycemotorcars.com
www.maybach-manufaktur.com

Das Motorrad

Für Männer besteht das Schönste am Älterwerden darin, dass sie sich mit zunehmendem Einkommen endlich vernünftiges Spielzeug leisten können. Also Dinge auf zwei oder mehr Rädern, die ordentlich Krach machen, möglichst schnell sind und die Jungs aus der Nachbarschaft grün vor Neid werden lassen. Eine Harley-Davidson mit dem gerade in dieser Hinsicht durchaus sinnfälligen Namen »Fat Boy« beispielsweise erfüllt diese Anforderungen schon ganz gut – vorausgesetzt, ihr Eigentümer bewohnt eine Reihenhaussiedlung oder verkehrt unter Menschen, die einen tiefergelegten Opel Astra für einen Sportwagen halten. Schwieriger wird es, wenn es sich bei den Spielkameraden um saudische Ölprinzen oder kalifornische Software-Milliardäre handelt, also um Leute, die sich ohnehin alles leisten können und auch sonst nicht leicht zu beeindrucken sind.

Um in solchen Situationen bestehen zu können, hat Gott den schwäbischen Tüftler erschaffen: Typen wie Volker Sichler, die einem in ihren Werkstätten mit technischer Raffinesse und einem ordentlichen Maß an Besessenheit Geräte zusammenschrauben, die es nun wirklich nicht beim nächstbesten Fahrzeughändler zu kaufen gibt. Im Falle von Volker Sichlers Firma »Hollister's« handelt es sich um maßgeschneiderte Motorräder, so genannte Custom-Bikes, die den technischen und ästhetischen Wünschen der Kundschaft entsprechend als Unikate angefertigt werden. Beschränkungen gibt es eigentlich keine, sieht man von der Tatsache ab, dass »Hollister's« keine Rennmaschinen herstellt, genauso wenig vollverkleidete Motorräder mit Bierdosenhalter und riesigen Gepäck-Boxen, die eher an zweirädrige Wohnmobile erinnern. Dafür umso lieber extravagante Chopper und Low-Rider wie aus dem »Werner«-Comic.

Angefangen hat Sichler als Harley-Importeur, später ging er dazu über, die Maschinen umzubauen und zu veredeln. Irgendwann ließ sich der gelernte Maschinenbauelektroniker dann die ersten eigenen Fahrgestelle bauen und stattete sie mit amerikanischen Rev-Tech-Motoren aus: Monster-Aggregate mit bis zu 2,4 Litern Hubraum und 130 PS bei zwei Zylindern. Eine »Hollister's«, die Bandar al Faisal, ein Mitglied der saudischen Königsfamilie, dem Kronprinzen von Bahrain zum Geschenk machte, verfügt sogar über ein mit Brillanten besetztes Königswappen auf dem handgenähten Ledersattel. Weitere Extras dieses Geburtstags-Choppers aus dem Schwarzwaldörtchen Horgen bei Rottweil: elektronische Fahrwerksverstellung, automatisch ausfahrbarer Tankstutzen und ein »Bahrain«-Schriftzug aus mattiertem Aluminium auf dem roten Tank. Sechs Monate Arbeit stecken in solch einer Maschine, 100.000 Euro wären dafür fällig. Aber weil es ein Geschenk war, behalten wir den Preis lieber für uns.

Im Internet:
www.hollisters.de

Das Parfum

»Parfums sind demokratischer Luxus«, hat Wolfgang Joop, der Vielredner, einmal behauptet. Gemeint haben dürfte er etwas ganz anderes, nämlich dass Parfums eine Art Luxus für die niederen Stände seien: Wem das Kleid von Chanel oder der Anzug von Knize einfach zu teuer ist, der kann seinem Markenbewusstsein immer noch mit Duftwolken aus einem Flakon mit dem Namen des verehrten Designers Rechnung tragen. Aber ist das wirklich schon Luxus? Schließlich gibt es selbst die klangvollsten Labels in jeder Provinzparfümerie und in jedem Duty-Free-Shop zwischen Bogotá und Burkina Faso zu kaufen. Und würde zum Beispiel aus einem Müsli-Riegel ein Luxus-Riegel, wenn anstatt »Balisto« plötzlich »Balenciaga« darauf stünde? Die Antwort: Na klar, Hauptsache der Preis verzehnfacht sich und die Lifestyle-Medien springen darauf an. Eigentlich sollte man aus Protest gegen diese absurden Vermarktungsmechanismen nur noch »Tosca« beziehungsweise »Old Spice« verwenden. Oder was ist davon zu halten, dass etwa die Parfums von Jil Sander, Davidoff, Joop und Chopard allesamt aus dem Ludwigshafener Familienunternehmen Benckiser stammen, das sein Geld ansonsten mit Sagrotan, Calgonit und Kukident verdient.

Aber davon mal ganz abgesehen: Riecht inzwischen nicht eh alles gleich? Behält man je irgendeine besondere Note in

Erinnerung, nachdem einem eine hypergeschminkte Parfümeriefachverkäuferin die neuesten Düfte der Saison auf weißen Papierstreifen unter der Nase verwedelt hat? Mal umwölkt es einen etwas opulenter, dann wieder etwas frischer – Assoziationen jedoch werden selten geweckt, Bilder dazu entstehen kaum noch im Kopf (außer vielleicht vom Arbeitskollegen, an dessen olfaktorisches Kielwasser der Duft mitunter erinnert). Feine Nasen haben sich deshalb längst vom Massengeruch abgewandt und suchen bei kleinen Parfumeuren nach der geeigneten Aroma-Therapie gegen die demokratischen Duftwelten eines Herrn Joop, von dem man doch gerne mal wüsste, ob er die Parfums seines Namens überhaupt selbst je trägt. Und wenn ja, warum.

In England erleben nicht ohne Grund kleine Dufthäuser eine Renaissance, die sich der Tradition des »English Scent« verpflichtet fühlen: Parfums wie »Spiced Limes«, »Park Royal« oder »Wedding Bouquet« aus den Küchen der erst 2002 gegründeten Anglia-Perfumery in Birmingham etwa sind ziemlich unverwechselbare Kompositionen, die halten, was ihre Namen versprechen: Sie riechen nach Tanne, Hölzern und nach von englischem Landregen durchfeuchteter Walderde eines königlichen Parks. Oder duften wie ein üppiger Hochzeitsstrauß in den Händen der frisch vermählten Braut (jeweils 30 Euro je 50 ml Eau de Toilette). »Blenheim Bouquet« von Penhaligon's in London wiederum ist der englische Klassiker schlechthin, eine 1902 komponierte Assemblage aus Citrus-, Moschus- und Kieferndüften, die der hautempfindliche Winston Churchill zu seinen Favoriten zählte (83 Euro je 50 ml Eau de Toilette). Hervorhebenswert ist sogar Clive Christian, ein britischer Innen-ausstatter, der vor einigen Jahren die traditionsreiche »Crown Perfumery« übernommen hat, um daraus die wohl teuerste Duftwasser-Destille der Welt zu formen: Dreißig Milliliter seines Parfums »No. 1« kosten knapp 4.000 Euro in der Grundaus-stattung, je nach Flakon steigen die Preise sogar bis auf 50.000 Euro. Interessanter ist allerdings Clive Christians Billig-Duft »X« (1.450 Euro je 50 ml), dessen maskuline Version ganz eigentümlich nach Meer und frischen Austern riecht.

Als Heimat der berühmtesten Parfumeure der Welt hat Frankreich dem natürlich einiges entgegenzusetzen. Zum Beispiel »JAR«, die Parfümerie mit den Initialen Joël Arthur Rosenthals im Namen, jenem superexklusiven Pariser Juwelier, der ansonsten Madonna oder die Prinzessin von Jordanien mit Schmuck versorgt. Im Ladenlokal an der Rue de Castiglione besteht nach Voranmeldung die Möglichkeit, seine sieben verschiedenen Parfum-Kreationen mit derselben Aufmerksamkeit zu verkosten, wie sie sonst nur kostbaren Weinen zuteil wird, über die Zusammensetzung der einzelnen Düfte wie »Diamond Water« (ca. 500 Euro je 30 ml) herrscht Stillschweigen – angeblich um deren Mysterium nicht zu zerstören.

Dagegen wirkt Frédéric Malle, der Spross einer Parfumeurs-Dynastie, schon fast unprätentiös – auch wenn er von den Händlern verlangt, dass sie seine Düfte stets gekühlt und lichtgeschützt aufbewahren. Denn das Prinzip seiner »Editions de Parfums« ist eigentlich recht simpel: Neun talentierte und höchst erfolgreiche Parfumeure, die im Gegensatz zu den großen Designern üblicherweise nicht namentlich erwähnt werden, sollten die Gelegenheit erhalten, ihre ureigenen Kompositionen unter ihrem eigenen Namen zu vertreiben (ab 50 Euro je 50 ml). Und es ist wirklich interessant, was dabei herauskommt, wenn die Meister ihres Fachs einmal ganz ohne Vorgaben der großen Labels ans Werk gehen können. Nach Davidoffs »Cool Water« riecht es jedenfalls bei keinem.

Im Internet:

www.anglia-perfumery.com

www.penhaligons.co.uk

www.clive.com

www.jar-parfums.fr

www.editionsdeparfums.com

www.english-scent.de (hervorragende Auswahl an englischen Düften)

Die Partnerschaftsvermittlung

»Typ (25) sucht offene Beziehung mit emanzipierter Frau zum Reden und Bumsen«. Deutlicher als diese paar Zeilen aus den frühen siebziger Jahren sind Kontaktanzeigen wohl nie wieder formuliert worden. Zwei Kriterien blieben jedoch unerwähnt, vielleicht, weil in der Zeit nach Achtundsechzig einfach niemand wahrhaben wollte, wie wichtig Aussehen und Kontostand für das Gelingen einer Partnerschaft sind. Wobei das eine durchaus durch das andere aufgewogen werden kann, wie jeder weiß. Weil aber der Heiratsmarkt trotz oder gerade wegen des Internets zu einer gewissen Unübersichtlichkeit neigt, weil außerdem Zeitungsinserate zwecks Eheschließung selten das halten, was sie versprechen, und weil man solche weitreichenden Entscheidungen ohnehin nicht dem Zufall überlassen sollte, empfiehlt sich die Zuhilfenahme einer professionellen Kupplerin. Entsprechende »Institute« gibt es natürlich wie Sand am Meer – Janis Spindel aber ist eine Institution. Weit mehr als 700 Hochzeiten in den vergangenen zehn Jahren gehen auf das Konto dieser New Yorkerin, die von der »New York Times« einmal als die »komisch-überhöhte Version einer jüdischen Mutter« beschrieben wurde: »überschwänglich, verrückt, eloquent, enthusiastisch, herzlich und einfach nicht zu bremsen ...«

Zunächst: Die Dienste der »Janis Spindel Serious Matchmaking Inc.« sind teuer. Und das ist auch gut so, weil sich dadurch gleich von Anfang an die Spreu vom Weizen trennt. Der alleinstehende Herr zahlt eine einmalige Aufnahmegebühr von 20.000 Dollar sowie weitere 1.000 Dollar für das Arrangement von zwölf Dates binnen eines Jahres. So weit muss es allerdings erst einmal kommen, denn Geld ist nicht alles. Vor der eigentlichen Vermittlungsaktion steht zunächst mal ein Casting, gegen das der Antrittsbesuch bei künftigen Schwiegermüttern wie ein Kindergeburtstag wirkt. Schon während eines ersten Gesprächs, das wohlgemerkt nicht in ihrem Büro, sondern in einem Restaurant stattfindet, checkt New Yorks Königin unter den Kupplerinnen den bindungswilligen Single gnadenlos ab, ohne dass der es selbst richtig bemerkt. Tischmanieren, Höflichkeit, Kleidungsstil, Aussehen, Intellekt, Humor, alles wird genau registriert. Wer sich dann einer Janis Spindel gegenüber als würdig erwiesen hat, muss schließlich noch einen Hausbesuch über sich ergehen lassen. Immerhin verraten ja die eigenen vier Wände mehr über den Stil, den Charakter und die Einkommensverhältnisse einer Person als jeder noch so angeregte Small Talk. Falls interieurmäßig Nachholbedarf besteht, leisten Spindels Mitarbeiterinnen gern ein bisschen Hilfestellung, offensichtliche moralische Defizite jedoch werden nicht verziehen – die Pornosammlung sollte also besser mal weggeräumt werden. Außerdem gilt: Vorher Fotos anschauen gibt's nicht; mit welcher Dame ein Mann glücklich werden darf, das entscheidet allein der Instinkt von Janis Spindel. Denn erstens sind wir hier nicht im Supermarkt. Und zweitens ist die Datenbank der »Serious Matchmaking Inc.« auch nicht der »Otto«-Katalog – obwohl das Angebot mit rund 7.000 Einträgen weiblicher Aspirantinnen fast noch umfangreicher ausfällt. Um dort Aufnahme zu finden, muss eine Frau vorher ein halbstündiges Gespräch mit Janis Spindel geführt haben, Kostenpunkt: 1.000 Dollar. Eine Investition, die sich lohnen könnte.

Im Internet:

www.janisspindelmatchmaker.com

Der Pelz

Dass man mit einem Pelzmantel eine große Wirkung erzielen kann, durfte Anna Wintour in Paris einmal am eigenen Leib erfahren – wenn auch anders als geplant: Die in edlem Fell gewandete Chefredakteurin der amerikanischen »Vogue« war gerade auf dem Weg zu einer Modenschau, als sie am Eingang von einer aufgebrachten Tierschützerin abgepasst und mit einem saftigen Stück Soja-Käsekuchen beworfen wurde. Das Defilée ließ sich »Atomic« Wintour (so ihr Nom de Guerre) durch diesen Zwischenfall selbstverständlich nicht vermiesen, schon wenige Minuten später saß sie tadellos geschminkt und perfekt frisiert in der ersten Reihe am Catwalk. Später tauchte sie dann gut gelaunt bei der Show von Christian Lacroix auf – in einem dunkelroten Persianer.

Fast scheint es, als hätten sämtliche Anti-Pelz-Kampagnen der vergangenen Jahre das genaue Gegenteil bewirkt, denn die Branche boomt wie nie zuvor: Die Umsätze sind seit der Jahrtausendwende weltweit um beinahe ein Drittel gestiegen. Was nicht nur daran liegt, dass kaum ein großer Modedesigner in seinen Kollektionen heute noch auf Pelze verzichten mag, sondern vor allem an der gestiegenen Nachfrage aus China und Russland, zwei Länder, die ihre neue Lust auf Luxus mit notorischen Statussymbolen wie großen Autos, goldenen Uhren und eben auch langen Pelzmänteln befriedigen. Etwa die Hälfte des globalen Handelsvolumens entfällt auf Russland und China, die auch als Züchter eine immer größere Rolle spielen: Schätzungsweise 2,7 Millionen Nerz- und 400.000 Fuchsfelle werden jedes Jahr in Russland produziert, in China sind es jeweils eine Million. Außerdem verarbeiten die Chinesen fast 60 Prozent aller Rohfelle.

Die besten Felle stammen allerdings nicht von gezüchteten Tieren, die während ihres kurzen, stressreichen Lebens in engen Käfigen nur minderwertige Pelze entwickeln, sondern von der freien Wildbahn. Unangefochtener König unter den Pelzträgern ist dabei der Zobel, ein hauptsächlich in der asiatischen Taiga beheimatetes Raubtier, das eng mit dem Marder verwandt ist. Die begehrtesten Tiere stammen aus der Gegend um die südsibirische Stadt Bargusin am Baikalsee, aber auch deren Fell ist naturgemäß Qualitätsschwankungen unterworfen. Am teuersten sind mit Abstand die silbrig schimmernden, dunklen Bargusin-Zobelfelle, die bei den jährlichen Pelzauktionen als so genannte Top-Lose für rund 2.700 Dollar pro Stück versteigert werden. Da kann man sich ausrechnen, dass ein entsprechender Mantel mit vernünftiger Länge, für den gut und gern hundert Felle fällig sind, kaum unter 300.000 Dollar zu haben sein wird. Angesichts der geringen Mengen – von der knappen halben Million jährlich gehandelter Zobelfelle erfüllt kaum jedes zehnte die Kriterien der Top-Qualität – kommen ohnehin nur die renommiertesten Pelzhäuser der Welt als Abnehmer in Frage. Also zum Beispiel »Birger Christensen«, der königlich-dänische Hoflieferant mit Sitz in Kopenhagen. Oder die für ihre Pelzkollektionen berühmten italienischen Designer, insbesondere Gianfranco Ferré und Fendi. Und nicht zuletzt die großen amerikanischen Luxus-Kaufhäuser wie »Bergdorf Goodman« oder »Neiman Marcus«, wo ein Bargusin-Silberzobel auch schon mal knapp 800.000 Dollar kosten kann.

Der große Klassiker aber ist und bleibt »J. Mendel« an der Madison Avenue in New York, dieses seit fünf Generationen bestehende Pelzgeschäft für die gut situierte Upper-East-Side-Matrone. So ganz stimmt das Klischee freilich auch nicht mehr, denn seit Mendel sein Design doch merklich aufgefrischt hat, kommen auch jüngere Kundinnen wie Beyoncé Knowles oder Jennifer Lopez. Ach ja: Auch die Tierschützer geben sich regelmäßig vor dem Eingang von »J. Mendel« ein Stelldichein.

Hier noch ein kurzer Blick über die Pelz-Landschaft, falls es zu Weihnachten nicht schon wieder ein Zobel sein soll.

Kaninchen: Über Jahrzehnte verpönte die feine Gesellschaft den Kaninchenpelz, weil es während des Zweiten Weltkriegs praktisch nichts anderes gab. In den neunziger Jahren erfuhr »Kanin« dann eine Renaissance: Die Mitglieder der Familie der »Hasenartigen« verfügen über ein sehr leichtes Fell, das sich gut färben, rupfen und scheren lässt. Weil die Tiere so fortpflanzungsfreudig sind, ist Kanin recht preiswert, eine Jacke kostet je nach Veredlung und Hersteller zwischen 400 und 1.600 Euro.

Nerz: Nerze sind eine Untergattung der Marder, etwa 30 bis 40 Zentimeter lang und von Natur aus mittel- bis dunkelbraun. Dank kurzer Schwimmhäute sind die Tiere gute Taucher und leben meist nah am Wasser. Nerzfelle für die Industrie stammen überwiegend aus der Zucht, sie gelten als strapazierfähig und haben als Kleidungsstück eine Lebenserwartung von bis zu dreißig Jahren. Nerzpelze sind besonders in Europa sehr beliebt, ein Mantel kostet zwischen 3.000 und 8.000 Euro.

Nutria: Die Nutria ist ein Sumpfbiber und stammt ursprünglich aus Südamerika. Am Golf von Mexiko jedoch, wo der Nager aus Zuchtfarmen ausbrach, gilt er inzwischen als Plage. Nutriafell ist nicht so schwer wie das des Bibers und wird in Europa deshalb lieber verwendet – gerupft als Kragen für hochwertige Mäntel, mit angeschorenem Grannenhaar (Spitznutria) als preisgünstiges Nerzimitat. Eine Nutria-Jacke kostet zwischen 2.000 und 3.000 Euro.

Karakul-Schaf: Das Fell dieser ursprünglich russischen Schafrasse ist auch unter dem Namen »Persianer« bekannt. In den sechziger und siebziger Jahren waren die kurzen, noch flachen Locken der wenige Tage alten Lämmer so begehrt, dass der Karakul als »Volkspelz« galt und von den großen Laufstegen verbannt wurde. Heute werden die schwarzen Schafe vor allem in Namibia gezüchtet, besonders begehrt sind die Felle zu früh geborener Karakuls (»Persianer-Breitschwanz«). Das ruft regelmäßig Tierschützer auf den Plan, die den Züchtern vorwerfen,

Frühgeburten künstlich herbeizuführen. Ein Karakul-Mantel bewegt sich in der Preiskategorie knapp unter 10.000 Euro.

Chinchilla: Die Verwandten des Meerschweinchens mussten ihre Felle lassen, um Inka-Herrschern bei der Krönung als Mantel umgelegt zu werden. Als Wildtiere sind die zutraulichen, wuscheligen Kerlchen fast ausgerottet, die meisten Felle stammen aus der Zucht. Wegen der Zartheit von Leder und Haar gilt der oft silbrige Chinchilla als Abend- und Luxuspelz. Eine Jacke dürfte mindestens um die 4.000 Euro kosten.

Opossum: Das Opossum ist die bekannteste Gattung der Beutelratten. Es ist nachtaktiv, mag Wald- und Buschland und zieht seine Jungen nach kurzer Tragezeit in einem Beutel groß. Das Fell des nordamerikanischen Opossums geht, wenn es gut gefärbt ist, als billiger Silberfuchs-Ersatz durch. Hauptlieferant ist aber Australien – dank einer Population von 95 Millionen wild lebender Opossums. Die neuseeländische Variante findet vor allem als Besatz Verwendung. In den zwanziger Jahren galten dunkle Herrenmäntel mit grauem Opossum-Kragen als vornehm. Eine Jacke kostet rund 2.000 Euro.

Fuchs: Der Rotfuchs verspeist mit Vorliebe Mäuse, Schnecken, Aas und Beeren und gräbt sich einen Bau, der oft noch Jahrzehnte später von Dachsen oder Wildkaninchen bewohnt wird. Weil das Raubtier in Europa keine natürlichen Feinde hat, wird es gejagt. Fuchspelze jedoch stammen oft aus der Zucht. Wegen seines Volumens steht der flauschige Pelz nicht jedem – er ist besonders für Manschetten, Krägen und Leisten geeignet und kann passend zum Stoff gefärbt werden. Eine Fuchsjacke kostet um die 3.000 Euro.

Im Internet:
www.birger-christensen.com
www.gianfrancoferre.com
www.fendi.com
www.bergdorf-goodman.com
www.neimanmarcus.com
www.jmendel.com
www.slupinski.com (bestes deutsches Pelzhaus in Düsseldorf mit Filiale in St. Moritz)

Das Porzellan

Man kann es drehen und vor allem wenden, wie man will: Wenn sich auf der Rückseite eines Tellers, einer Terrine, Tasse, Schale oder Zuckerdose zwei Schwerter kreuzen, dann hält man eines der edelsten Porzellane der Welt in Händen. Zugegeben, gerade in Deutschland fällt die Wahl nicht leicht, denn wie kaum eine andere Nation sind wir gesegnet mit einer Vielzahl an exklusiven Porzellanmanufakturen, in denen wirklich noch fast alles von Hand gefertigt wird – Nymphenburg, Höchst, KPM, Ludwigsburg ... Aber Meissen ist und bleibt Primus inter Pares, und wer das nicht glaubt, der sollte einfach mal nach Japan blicken, wo feines Geschirr einen ganz anderen Stellenwert besitzt als bei den in dieser Hinsicht leider etwas kulturvergessenen Europäern. Nicht ohne Grund befindet sich mit »Kakiemon« die weltweit wohl einzige Porzellanmanufaktur, deren Prestige den großen Namen Meissens noch überragt, im Land der aufgehenden Sonne. Wie dem auch sei: Vor einiger Zeit waren vier von insgesamt acht Briefmarken einer Sonderedition »Deutschland« der japanischen Post mit Meissener Porzellanobjekten bedruckt.

Tatsächlich müssen die sächsischen Porzellanmacher schon ziemlich früh geahnt haben, dass sie ihr Heil vor allem im Export finden würden, denn genau das war der Grund, warum das im Ortsnamen gebräuchliche »ß« in der Firmenbezeichnung durch ein internationaleres »ss« ersetzt wurde. Heute erzielt die 1710 gegründete und damit älteste deutsche Porzellanmanufaktur zwei Drittel ihrer Umsätze mit Kunden aus dem Ausland, Japan liegt dabei natürlich auf dem ersten Platz. Das war selbst zu DDR-Zeiten nicht anders, als Meissen zu den wenigen Devisenbringern zählte und es dort hieß: »Der Osten fängt für uns in Japan an.« Qualitativ konnte man sich deswegen keine Kompromisse leisten, ein während der kommunistischen Ära gefertigtes Service steht der aktuellen Produktion denn auch in nichts nach.

Möglich war das nur, weil Meissener Porzellan eben nichts mit moderner Verarbeitungstechnik zu tun hat, sondern mit äußerst personalintensiver Handwerkskunst. Das eigentliche Unterscheidungsmerkmal zu den übrigen Wettbewerbern, wozu wohlgemerkt auch international anerkannte Manufakturen wie Sèvres in der Nähe von Paris oder Herend aus Ungarn zählen, ist die Feinheit der Bemalung. Klassische Meissen-Dekore – etwa das Zwiebelmuster, das Weinlaub oder die Blumen – sind in ihrer Leuchtkraft und in der Präzision der Linienführung praktisch unerreicht. Was letztlich daran liegt, dass die Tradition der Porzellanmalerei nirgendwo so lebendig ist wie an der Elbe: Während andere deutsche Manufakturen vielleicht eine Handvoll Maler beschäftigen, üben bei Meissen sage und schreibe 250 solcher Künstler ihre Arbeit aus, von denen die meisten ihr Wissen innerhalb der Familie an die jeweils nächste Generation weitergeben. Das gewährleistet eine Kontinuität, die den eigentlichen Nimbus des Unternehmens ausmacht. Wer sein Porzellan besonders dünn liebt, wird also eher bei einem anderen Hersteller fündig werden, denn für Meissen hat der Werkstoff seine Bedeutung in erster Linie als Malgrund und darf deshalb gerade nicht allzu transparent sein. Stattdessen ist die Zusammensetzung des Porzellans präzise auf die Wirkung der selbst gemischten Farben abgestimmt – ein wenige Kilometer entferntes, betriebseigenes Kaolin-Bergwerk sichert die gleichbleibende Qualität des Grundprodukts und den entsprechend hohen Weißegrad.

Wer gut 120.000 Euro für ein Meissener Zwölf-Personen-Service mit der aufwendigen Figurenmalerei nach Antoine Watteau ausgibt, der wird sich nach der Spülmaschinenverträglichkeit gar nicht erst zu erkundigen wagen. Ein Speiseservice im 1739 entworfenen Zwiebelmuster für sechs Personen einschließlich Saucière, Schüssel und Bratenplatte gibt es hingegen schon von rund 3.600 Euro an, sodass in diesem Fall die Frage erlaubt sei. Und siehe da: gar kein Problem! Solche Dekore sind durch eine Glasur geschützt, und weil Meissener Geschirr zudem aus bei 1.450 Grad gebranntem Hartporzellan besteht, das sich mit Stahl nicht ritzen lässt, kann man auch bedenkenlos ein Stück Fleisch auf dem Teller zersäbeln. Was das Zwiebelmuster angeht, werben die Meissener jedenfalls mit dem denkwürdigen Spruch: »Spülmaschinenfest seit 1739!«

Im Internet:
www.meissen.de

Die Rasur

Dass Männer den Frauen in der Evolution immer ein paar Schritte hinterherhinken, steht ihnen ins Gesicht geschrieben. Insbesondere morgens, vor dem Gang ins Bad: Als Menschen sind sie noch zu Bett gegangen – und wachen am nächsten Tag als Schimpansen auf. So willkürlich die Entscheidung der Natur erscheinen mag, dem so genannten starken Geschlecht Haare auf Kinn und Wangen sprießen und sie ihm dafür auf der Stirn ausgehen zu lassen, so wenig hilft die Klage darüber. Stattdessen sollte man den Bartwuchs bewusst als einen Atavismus betrachten, dem entgegenzustellen sich schon deswegen lohnt, weil auf diese Weise die morgendliche Rasur zum ersten zivilisatorischen Akt des Tages wird. Und weil das eben so ist, gehört sie zelebriert, ohne Hektik und mit allem, was es dazu braucht: Klinge, Schaum und Pinsel. Der Elektrorasierer ist schon deswegen ungeeignet, weil sein nervöses Brummen kaum als Hintergrund-Sound für eine Ritualhandlung taugt. Der Tod bevorzugt ja schließlich auch die Sense und kommt nicht auf dem Mähdrescher angetuckert.

Die stilvollste Art, sich Stoppeln aus dem Gesicht zu entfernen, ist die klassische Messerrasur. Handelt es sich doch um eine Kunst, die zu erlernen einen hohen Blutzoll fordert und in risikoscheuen Industrienationen nur noch selten beherrscht wird. Selbst Friseure tun sich mittlerweile schwer damit, die wenigsten bieten sie überhaupt noch an, in der Ausbildung wird das Thema gar nicht erst angeschnitten. Dabei ist eine saubere Messerrasur die schonendste und gründlichste Art der Epilation: Mit einem geübten Strich wird abgesäbelt, wofür die vielbeworbenen Systemrasierer von Gillette oder Wilkinson bis zu vier in Reihe stehende Klingen brauchen, deren Vorhut meist noch irgendwelche Streifen voll chemischer Gleitsubstanzen bilden. Das Ganze ist außerdem auf würdelose Art hinter Schutzbügeln domestiziert, damit sich womöglich sogar ein Betrunkener auf dem Nachhauseweg im Gehen rasieren kann.

Ein nacktes Rasiermesser ist nicht nur Ausdruck von Savoir-faire, sondern vor allem auch ein archaisches Statement gegen die Wegwerfgesellschaft: 90 Euro kostet beim Solinger Klingenfabrikanten »Dovo« die einfache Version mit Gravurplatte und Griffschalen in schwarzem Ebenholz. Das 460 Euro teure Modell mit einem Griff aus 40.000 Jahre altem Mammutelfenbein eignet sich auch dafür, sich mal ganz gediegen die Pulsadern aufzuschneiden. Wovon natürlich dringend abzuraten ist. Und sei es nur, weil das Messer nach Gebrauch mit klarem Wasser abgespült und sodann gründlich getrocknet werden muss.

Die entschärfte, aber immer noch akzeptable Form des Rasierens ist das Ansetzen eines Rasierhobels, in den auswechselbare Rasierklingen eingespannt werden. Gillettisten und Wilkinsonianern sind solche Geräte, wie sie etwa die Solinger Firma »Merkur« seit 1931 unverändert herstellt, meist unbekannt. Das klingt zwar hoffnungslos nostalgisch, aber ein Rasierhobel ist schon deswegen empfehlenswert, weil er sich ausgezeichnet reinigen lässt und nicht so schnell mit Barthaaren verstopft wie die modernen und noch dazu überteuerten Komfort-Rasierer. Zehn Rasierklingen der japanischen Marke »Feather« – sie gelten als das Maß aller Dinge – kosten gerade mal fünf Euro. Dafür bekommt man im Supermarkt keine drei Rasierköpfe.

Überhaupt sind Supermärkte und Drogerien nicht der richtige Ort zur Beschaffung von Rasierutensilien. Wie das meiste, findet man dort auch den Schaum in Dosen abgepackt vor, und wie so oft, ist frische Ware einfach besser. Denn Sprühschaum hat zwei entscheidende Mängel: Er ist kalt, und er ist trocken. Weil das Barthaar vor der Nassrasur aber möglichst weich, also warm und feucht sein sollte, ist mit entsprechend temperiertem Wasser und fetthaltiger Rasierseife (etwa vom Londoner Traditionshaus »Trumper«) angerührter Schaum aus dem Tiegel unverzichtbar. Es sei denn, man verwendet Rasiercreme, die auch direkt auf den Pinsel gedrückt werden kann. Kenner schwören auf die seit den zwanziger Jahren in Portugal hergestellte Rasiercreme »Musgo Real« (circa zehn Euro je Tube) mit ihrer einzigartigen Zusammensetzung aus viel Lanolin, Kokosöl und Glycerin. So wird das Haar außerordentlich gut auf die Rasur vorbereitet, die Klinge gleitet praktisch ohne Widerstand und verstopft nicht. Gleichzeitig bekommt die Haut so viel Pflege, dass weitere Feuchtigkeitscremes kaum nötig sind.

Insofern lohnt sich zur Vervollkommnung der Rasur durchaus noch die Investition in einen erstklassigen Pinsel als das eigentliche Renommierobjekt männlicher Bad-Kultur. Immerhin sind die Bartstoppeln selbst schon hart und widerspenstig genug, da muss es der Rasierpinsel nicht auch noch sein: Wildschweinborsten mögen zwar die Durchblutung fördern, ein verzärteltes Kinn aber lässt sich am frühen Morgen lieber mit flauschigem Dachshaar wachstreicheln. Zumal Dachshaare ausgesprochen feine Spitzen haben und so für einen besonders sahnigen Schaum sorgen. Der Parade-Schaumschläger dürfte das knapp 300 Euro teure Modell aus Silberspitzen-Dachszupf mit Horngriff von »Plisson« sein, einer französischen Manufaktur, mit deren Erzeugnissen sich schon Napoleon einseifen ließ. Die Haare dieses Pinsels stammen vom Rücken eines Dachses, man erkennt sie am silbernen Schimmer und einem schwarzen Band im natürlichen Haarverlauf, dem so genannten Spiegel. Solch ein Meisterwerk hält gut und gern zehn Jahre – allerdings nur, wenn es nach Gebrauch lauwarm ausgewaschen und kopfüber in einem speziellen Halter aufgehängt wird, damit das restliche Wasser gut ablaufen kann.

Ansonsten braucht es für die morgendliche Menschwerdung eigentlich nur noch ein mit rund fünf Euro eher preiswertes und gleichzeitig hübsches Accessoire: den Alaunstein, ein natürlich gewachsener Kristall. Er dient zum Blutstillen.

Im Internet:
www.dovo.de
www.trumpers.com
www.nassrasur.com
www.rasageplisson.com/Rasierpinsel

Der Regenschirm

Wo sollte der beste Regenschirm der Welt schon herkommen, wenn nicht aus der vermeintlichen Heimat aller Niederschläge und Tiefdruckgebiete, nämlich aus England. Tatsächlich sind die Schirme der 1836 gegründeten Firma Brigg weit mehr als ein profaner Nässeschutz: Sie sind ein Kulturgut und als solches vergleichbar mit Käse aus Frankreich oder Uhren aus der Schweiz. Und dass der damalige britische Gouverneur Sir Rex Hunt 1981 während der Invasion der Falklandinseln sein weißes Taschentuch ausgerechnet an einem Brigg-Schirm befestigte, um sich – damit wedelnd – den vorrückenden argentinischen Truppen zu ergeben, spricht einmal mehr dafür, dass die Engländer auch in der Niederlage Stil bewahren.

Ein klassischer Regenschirm von Brigg ist aus einem naturgewachsenen und vor allem durchgehenden Eichen-, Ahorn- oder Hickoryholzstock handgefertigt, dessen Griff über Wasserdampf gebogen wurde. Darin unterscheidet er sich schon mal ganz wesentlich von der gängigen Massenware. Der so genannte Bezug, also der Stoff, mit dem der Schirm bespannt ist, besteht aus reiner, wasserfester Seide oder aus besonders dicht gewebten Polyesterstoffen und wird entweder in Schwarz oder im etwas sportlicheren Tartan-Muster ausgeliefert. Alles andere wäre albern und der Ernsthaftigkeit jeglicher Wetterlage unangemessen. Sämtliche mechanischen Elemente wie Arretierstift, Krone oder Schieber sind aus Metall, die Beschläge sogar aus Sterling-Silber. Überhaupt zählt jedes Detail: Die Zwinge beispielsweise, mit der das Stockende vor dem Bodenkontakt geschützt wird, ist bei Brigg mit einem nagelartigen Stift befestigt, dessen Kopf abgeschliffen wurde, damit auch ja nichts unschön hervorsteht.

Um die Produktqualität beurteilen zu können, bedarf es aber gar nicht unbedingt des genauen Hinsehens, denn sie zeigt sich bei einem aufgespannten Regenschirm in voller Pracht: Er bildet nämlich ein fast halbkugelartiges, gleichmäßig gewölbtes Dach, unter dem man bei Schauer beinahe wie unter einem Zelt Unterschlupf findet, während die simplen Schirme aus meist fernöstlicher Produktion eher an tiefe Plastikteller erinnern. Gewarnt sei auch vor dem Begriff »windproof«, mit dem viele Schirmhersteller für ihre Erzeugnisse werben. Er bedeutet nichts anderes, als dass der Schirm bei einem eventuellen Überschlagen durch den Winddruck wieder in seine Ursprungsposition zurückgeholt werden kann. Ein guter Schirm hingegen hält aber nicht nur dem Regen, sondern eben auch einer kräftigen Böe stand und brüstet sich nicht mit seiner eigenen Schwäche. Außerdem muss, wer rund 250 Euro für einen echten Brigg ausgibt, überhaupt nicht auf schlechtes Wetter warten, denn einen exquisiten Spazierstock hat er damit allemal zur Hand.

Im Internet:
www.swaineadeney.co.uk

Die Schokolade

Schokolade hat zwei entscheidende Nachteile: Sie macht dick, und sie führt bei fast allen Menschen, die darüber schreiben, zu gefährlichen Blähungen der verbalen Art: »Süße Sünde« oder »süchtigmachende Versuchung« sind da nur zwei der fürchterlichsten Beispiele einer langen Liste. Ganz zu schweigen von den bei diesem Thema offenbar unvermeidlichen Einlassungen zur Erotik, weil der Verzehr von Schokolade, wie ja jeder Milka-Konsument weiß, ganz ungeahnte Sinnlichkeitsschübe und unkontrollierbare sexuelle Wallungen hervorruft. Da vergeht einem meist schon bei der Lektüre der Appetit, und man wünscht sich in diesem Moment nichts dringender als ein blutiges Rumpsteak mit einer kalten Dose Bier. Aber leider ist Schokolade seit einigen Jahren zum Trend-Genussmittel geworden, was nichts anderes bedeutet, als dass in den Regionalzeitungen regelmäßig ganzseitige Artikel über ehemals biedere Konditoren stehen, die auf einmal zu »Schokoladen-Päpsten« ausgerufen werden, weil sie neuerdings Kakaopulver mit Tonkabohnen oder Fenchelsaat mischen. In einer Berliner »Schokoladengalerie« (ja, so heißen die ambitionierten Süßwarengeschäfte heutzutage) sind sogar Tafeln im Handel, auf deren Verpackung ganz apodiktisch »Unschuld« steht, nur weil der Inhalt aus weißem Kakao mit Bourbon-Vanille zusammengerührt ist.

Kaum noch aus der Spitzengastronomie wegzudenken sind Dessertvariationen aus Valrhona-Schokolade, denn dem gleichnamigen Hersteller aus Tain L'Hermitage, einem rund hundert Kilometer südlich von Lyon gelegenen Örtchen, ist es durch strenge Selektion der Grundprodukte gelungen, seine Marke geradezu als Synonym für hochwertige Qualität zu etablieren. Während rund neunzig Prozent aller Schokoladen mit günstigem Kakao meist afrikanischer Herkunft hergestellt werden, kommen bei Valrhona edlere Sorten wie »Criollo« oder »Trinitario« aus den traditionellen Anbaugebieten Süd- und Mittelamerikas zum Einsatz. Verzichtet wird stattdessen, wie bei fast allen Edelschokoladen, auf die Beimischung von Milch, weil dadurch die feinen Aromen verloren gehen würden. Was nicht heißt, dass ein extrem hoher Kakaogehalt unweigerlich den Genuss steigert: Schokolade mit einem Anteil von hundert Prozent ist selbst dann gewöhnungsbedürftig, wenn sie vom italienisch-venezolanischen Spitzenproduzenten Mack Domori (rund 4,30 Euro je 50 Gramm) stammt, der nicht nur für sich in Anspruch nimmt, die beste Schokolade der Welt zu erzeugen, sondern auch den wahren, hochwertigen Kakao vor dem Untergang zu bewahren. Solche puristischen Exzesse sind aber vor allem bitter und sogar für die Geschmacksnerven eines Spezialisten von schon beinahe schmerzhafter Intensität – Valrhona beispielsweise belässt es deshalb bei maximal 75 Prozent, was immer noch sehr viel ist. Massenware enthält nur rund vierzig Prozent gemahlene und geröstete Kakaobohnen, der Rest besteht aus Zucker, Milchpulver und Fetten wie Kakaobutter oder Palmöl.

Mindestens genauso wichtig wie die Zutaten ist das Herstellungsverfahren, insbesondere das Conchieren, wie es im Branchenjargon heißt. Gemeint ist jenes stunden- und für erstklassige Schokolade auch tagelange Rühren, bei der die aus gemahlenen Kakaobohnen, Kakaobutter und Zucker bestehende Masse in einem Kessel in Bewegung gebracht wird, damit sich die unerwünschten Bitterstoffe und Säuren verflüchtigen und das Aroma zur vollen Entfaltung kommt. Während dieser Phase erhält die Schokolade erst ihren eigentlichen Geschmack, in der Conche entscheidet sich auch, ob die Konsistenz und damit das spätere Geräusch beim Brechen der Tafel höchsten Ansprüchen genügen – kein simples Knacken, sondern eine Fülle des Wohllauts in den Ohren wahrer Schokoladenliebhaber. Vielleicht sollte man bei Gelegenheit CDs davon aufnehmen, Interessenten gäbe es mit Sicherheit genug.

Ein regelrechter Wallfahrtsort in Sachen Schokolade ist natürlich die »Maison du chocolat« an der Pariser Rue du Faubourg Saint-Honoré mit Filialen in Cannes, Hongkong, London, New York und Tokio. Der Name ist allerdings insofern etwas irreführend, als dessen Begründer Robert Linxe nicht wegen seiner Schokolade Weltruhm erlangte (er verarbeitet übrigens Valrhona), sondern für seine Kreationen, die mit dem Begriff »Pralinen« nur unzureichend umschrieben wären. Im Jahr 1977 begann Linxe in einer winzigen Patisserie damit, aus Schokolade, Sahne und Aromen seinen Traum von der perfekten Süßigkeit zu verwirklichen, und wer heute eines·der Häuser betritt, wähnt sich eher in einem Juwelierladen. Allerdings frönt man bei Linxe nicht der barocken Opulenz; die hinter den Vitrinen präsentierten knapp fünfzig verschiedenen Quadrate, Rechtecke und kleinen Trüffel (rund ein Euro je Stück) sind vielmehr allesamt Meisterwerke an äußerlicher Schlichtheit. Was beileibe nicht für deren Inneres gilt, wo charaktervoller Kakaogeschmack mit den Fruchtaromen von Orange, Zitrone, Grapefruit, rumgetränkter Rosinen und vielem anderen mehr ein geradezu sensationell harmonisches Auskommen findet. Dass die braunen Pralinenschachteln vom selben Hersteller stammen, der auch die berühmten orangefarbenen Kartons für Hermès produziert, ist da eigentlich nur konsequent.

Im Internet:
www.lamaisonduchocolat.fr
www.domori.com
www.valrhona.com

Die Schönheits-OP

Wenn wir ehrlich sind, ist es längst keine Frage mehr des »Ob«, sondern nur noch des »Wo«: eine diskrete Nasenkorrektur von Jack »Dr. Nose« Gunter in Dallas? Ein bisschen mehr Volumen in der Bluse dank der Hilfe des genialen Busenexperten Jack Fisher in Nashville, Tennessee? Oder nur eine kurze Falten-Glättung im Beauty-Atelier des Pariser Botox-Gottes Jean Louis Sebagh? Es muss ja gar nicht die reine Eitelkeit sein, die einen in die Arme eines plastischen Chirurgen oder an die Nadel eines Verjüngungskünstlers treibt – im Zeitalter der zunehmenden gesellschaftlichen Infantilisierung genügt die immer größer werdende Kluft zwischen Aussehen (reife Frau) und Empfinden (junges Mädchen). Oder der berufliche Zwang zum Hübschsein, dem sich Schauspielerinnen genauso ausgesetzt sehen wie Prostituierte beziehungsweise Moderedakteurinnen. Nicht zu vergessen das angesichts wachsender Scheidungsraten drohende Risiko, sich mit Ende vierzig noch einmal auf den Heiratsmarkt werfen zu müssen. Ästhetische Eingriffe haben sich aber auch aufgrund eines globalisierten Schönheitsideals zu einer Art Volkssport entwickelt – in China zum Beispiel erreicht eine Fernsehsendung zum Thema Schönheits-OPs regelmäßig 30 Millionen Zuschauer, von denen die meisten hinterher glauben, sie müssten dringend etwas gegen ihr asiatisches

Aussehen tun. Und je mehr Menschen solche Dienstleistungen in Anspruch nehmen, desto schwerer lastet auf den anderen der Anpassungsdruck, ihrerseits kleinere oder größere Mängel im Gesamtbild ausmerzen zu lassen.

Ähnlich wie Steißbein-Tattoos haben es silikonverstärkte Brüste und aufgespritzte Lippen mittlerweile vom Porno-Milieu in den Lifestyle-Mainstream der unteren Mittelschicht gebracht, womit sich für Angehörige der besseren Kreise natürlich die Frage stellt: Wie grenze ich mich davon ab? Am ehesten durch Natürlichkeit, die natürlich nicht wirklich natürlich ist, sondern höchst artifiziell – aber eben nicht so wirkt. Ein gutes Face-Lifting beispielsweise verwandelt die Patienten nicht abrupt in jene bizarren Comicfiguren, als die Burt Reynolds oder Mickey Rourke seit ihren verunglückten Schönheits-OPs herumlaufen müssen. Stattdessen wird der Alterungsprozess eher behutsam abgebremst und derart kontinuierlich und professionell verwaltet wie bei Madonna (angeblich einer überzeugten Sebagh-Kundin), deren tatsächlicher Verwitterungsgrad sich allenfalls noch an den faltigen Händen ablesen lässt. Harte Schnitte sind von gestern, heute heißt das Zauberwort »ageing maintenance« – kontrolliertes Altern, sozusagen.

Die Geschichte der Schönheitsoperationen ist eine Geschichte der spektakulären Missgriffe, wie man spätestens seit der Mutation Michael Jacksons zum Alien weiß; allerdings haben auch schon die alten Griechen versucht, mit scharfen Löffeln das Fett unter der Haut herauszukratzen. Erstaunlicherweise hat seither der technische Fortschritt dem in diesem Metier verbreiteten Pfusch keineswegs Einhalt geboten, im Gegenteil: Ein beträchtlicher Teil der fachmännisch durchgeführten Eingriffe verfolgt einzig und allein den Zweck, das Werk von Dilettanten wieder rückgängig zu machen. In Deutschland gibt es inzwischen zwar den nach sechsjähriger Ausbildung verliehenen Titel eines »Facharztes für plastische und ästhetische Chirurgie«, doch tummeln sich in der Branche sogar Zahnärzte, die ihre vermeintliche Expertise für Face-Liftings als Autodidakten an Schweineköpfen erworben haben. Bloß: Woran erkennt man schon im Voraus den Quacksalber, der einem mit seiner Botox-Spritze aus Versehen die linke Gesichtshälfte lahmlegt? Und wer ist tatsächlich der beste Fettabsauger zwischen Zürich und Los Angeles? Weil das Thema auf Cocktailpartys immer noch ein wenig verpönt ist, bleibt vielen Interessenten nichts anderes übrig, als schönfärberischen Jubel-Artikeln aus Frauenzeitschriften zu vertrauen. Wer dagegen wirklich auf Nummer sicher gehen will, nimmt besser die Dienste einer Schönheits-OP-Beraterin wie Wendy Lewis in Anspruch, die sich 1997 in New York als »Knife Guide« selbständig gemacht hat. Frau Lewis weiß für jedes Problem genau den richtigen Spezialisten. Sie gilt als unbestechlich und vorurteilsfrei, ihre Tipps lässt sie sich mit 250 Dollar bei telefonischer und mit 350 Dollar bei persönlicher Beratung honorieren. Für tausend Dollar gibt es außerdem eine Rundum-Betreuung mit Beschaffung des Operationstermins sowie der Nachsorge. Immerhin hat Wendy Lewis das Handwerk von der Pike auf kennengelernt: als ehemalige Sekretärin eines Schönheitschirurgen.

Im Internet:

www.rhinoplasty-usa.com
www.drjackfisher.com
www.drsebagh.com
www.wlbeauty.com

Das Spa

Prominente Sauna-Gänger? Da würden einem spontan wohl nur Helmut Kohl und Boris Jelzin einfallen, die sich Anfang der neunziger Jahre im Schweiße ihres Angesichts um den reibungslosen Ablauf der Weltpolitik gekümmert haben. Aber sonst? Jedenfalls ist die Wahrscheinlichkeit ziemlich gering, dass beim Besuch des örtlichen Spaßbades in der Saunalandschaft plötzlich Madonna neben einem das große Handtuch ausbreitet. Was nicht heißt, dass Stars etwas gegen Schwitzbäder hätten, gegen Whirlpools oder Bachblüten-Anwendungen. Nur möchten sie sich für derlei Vergnügungen eben nicht unters gemeine Volk mischen, geschweige denn nackt. Kein Problem, solange die eigenen vier Wände über eine entsprechende Ausstattung verfügen. Doch was tun auf Reisen? Das legendäre »Brenner's Park Hotel« in Baden-Baden kennt die Nöte und Bedürfnisse seiner berühmten, vermögenden und vor allem anspruchsvollen Gäste nur allzu gut und hält deswegen für publikumsscheue Wellness-Anhänger eine »Spa-Suite« bereit. So heißt der private Erholungsbereich, in den sich bis zu vier Personen ganz- oder halbtags einmieten können, ohne damit rechnen zu müssen, den Herrschaften aus dem Nachbarzimmer im gleichen Badewasser zu begegnen. Denn Zutritt ins private Spa hat allenfalls der »Spa-Butler«: ein Physiotherapeut, der sich um die richtige Temperierung des japanischen Blütendampfbades, der Biosauna, der Vitalisierungsdusche, des Whirlpools oder des so genannten Laconicums kümmert – eines mit Wärmebänken aus grünem Quarzit ausgestatteten Raums, in dem sich der Körper auf bevorstehende Schönheitsanwendungen einstimmen kann. Bill Clinton genoss hier schon die Freuden des ungestörten Badens, ebenso wie Giorgio Armani, die Beauty-Queens Heidi Klum und Tatjana Patitz oder etliche Prinzen aus dem Nahen Osten.

550 Euro kostet die »Spa-Suite« für acht Stunden, für vier Stunden sind 280 Euro fällig. Im Preis enthalten sind dann allerdings auch ein Obstkorb und reichlich Mineralwasser. Übernachten darf man im Privatspa natürlich nicht – wohl aber ein Nickerchen halten.

Im Internet:
www.brenners.com

Das Spitzenrestaurant

Jean Anthèlme Brillat-Savarin, der große Philosoph des guten Essens, berichtet in seiner 1826 erschienenen »Physiologie des Geschmacks« davon, wie er in etlichen Nachschlagewerken vergebens nach einer Definition des Wortes »Gourmandise« gesucht habe. »Ich schloss, dass die Lexikographen, im übrigen höchst achtbare Leute, doch nicht zu jenen liebenswerten Gelehrten gehören, die einen klassisch gebratenen Rebhuhnflügel mit Grazie bei einem Glas Château Lafite verschwinden lassen.« Denn völlig außer Acht gelassen hätten sie jene »gesellschaftliche Gourmandise«, wie Brillat-Savarin es nennt, »die athenische Eleganz, römischen Luxus und gallische Delikatesse vereinigt«.

Feinschmeckerei, wie man »Gourmandise« am ehesten ins Deutsche übersetzen könnte, ist eben nicht bloß eine Bildung des Gaumens, sondern vielmehr die Schule des verfeinerten Geschmacks in einem umfassenderen Sinne: Was nutzt die beste Mahlzeit, wenn sie in einer zugigen Bahnhofsgaststätte eingenommen werden muss? Wer mag sich noch an einem guten Wein erfreuen, wenn er achtlos in Plastikbecher gekippt wird? Wem vergeht nicht der Appetit, wenn sich sein Gegenüber ständig in den Zähnen pult? Und wer möchte im Restaurant nicht sofort wieder zur Garderobe eilen, wenn anstatt eines versierten Obers doch nur wieder eine ungelenke studentische Aushilfskraft die Bestellung entgegennimmt.

Ebenso wichtig wie die Speisen selbst sind eben die Art und Weise, mit der sie zelebriert werden. Aber unsere Welt, in der allenthalben polternde Fernsehköche einen möglichst kumpelhaften Ton angeben und Formlosigkeit als vermeintliche Freiheit predigen, räumt Ritualen kaum noch den geringsten Platz ein. Klassische Spitzenrestaurants erscheinen da wie Überbleibsel aus einer längst vergangenen Epoche – weshalb der für solche Orte manchmal mit einer gewissen proletarischen Verächtlichkeit bemühte Begriff des »Gourmet-Tempels« vielleicht gar nicht so schlecht ist. Natürlich ist ein Restaurantbesuch kein Gottesdienst, aber ohne ritualisierte Abläufe würde doch beides gleichermaßen an Zauber und Faszination verlieren.

Im traditionellen Spitzenrestaurant lebt bestenfalls der Geist des englischen Gesellschaftsromans fort, dem einzelnen Gast steht so viel Personal zur Verfügung, dass dieser sich ganz auf die wesentlichen Dinge konzentrieren kann. Der Ton ist gedämpft, man nimmt Rücksicht aufeinander, und die mit kostbarem Porzellan und teuren Gläsern eingedeckten Tische zeugen von einer bewundernswerten Verachtung für die ökonomischen Zwänge der modernen Systemgastronomie. Kein Wunder, dass viele Spitzenrestaurants trotz hoher Preise aus eigener Kraft gar nicht leben können und auf die Subsidien der angeschlossenen Hotellerie angewiesen sind. Zumal für den Gast überhaupt nur ein Teil des Aufwandes sichtbar wird, der seinetwegen betrieben wird. In der Küche steht nämlich keineswegs bloß der große

Meister mit ein paar Aushilfen am Herd, sondern eine regelrechte Brigade hochspezialisierter Könner ihres Fachs. Bei großen Häusern ist die Küche in bis zu fünf Posten für Fleisch, Fisch, Vorspeisen, Saucen und Patisserie eingeteilt, die jeweils von einem Commis de cuisine, einem Demi-Chef de Rang und einem Chef de Rang bewirtschaftet werden. In Philippe Rochats »Restaurant de l'Hôtel de Ville« im schweizerischen Crissier sind allein in der Küche mehr Leute beschäftigt, als das gesamte Lokal Plätze bietet.

Ist das wirklich notwendig? Ein gutes Essen bekommt man gewiss auch mit weniger Personal zustande, aber an der Spitze geht es eben um Perfektion. Und die erfordert einen Einsatz, den der Genius einer einzeln vor sich hin wurstelnden Koch-Koryphäe nicht kompensieren kann. Ohnehin ist in einem klassischen Spitzenrestaurant der versierte Oberkellner mindestens genauso wichtig wie der Küchenchef – an ihn wendet sich der Gast mit seinen Wünschen, von ihm lässt er sich durch den Abend leiten, unter seiner Obhut fühlt er sich sicher. Der Oberkellner ist der eigentliche Souverän: Wie ein gütiger Paterfamilias gibt er seinen Schutzbefohlenen das Gefühl, alles ermöglichen zu können, weshalb ihm eine einfühlsame Strenge auch besser steht als die aufgesetzte Freundlichkeit vieler anderer Kollegen.

In Frankreich wird diese klassische gehobene Restaurantkultur noch am häufigsten gepflegt, eines der stilbildenden Häuser ist bis heute das Pariser »Taillevent« an der Rue Lamennais im achten Arrondissement. Jean-Claude Vrinat, der legendäre Patron, ist ein Gralshüter, der seinen holzgetäfelten Saal konsequent gegen sämtliche Winde des Zeitgeistes abgedichtet hat, und wahrscheinlich wird das »Taillevent« aus genau diesem Grund so gern von den Spitzen der französischen Politik aufgesucht. Da bleibt dem »Guide Michelin« trotz der nicht gerade für ihre Kreativität gerühmten Küche überhaupt nichts anderes übrig, als auch weiterhin drei Sterne über dem Restaurant leuchten zu lassen.

Daran wird übrigens deutlich, dass der Restaurantführer von »Michelin« das klassische französische Spitzenrestaurant mit viel Personal und luxuriöser Ausstattung als das Maß aller Dinge ansieht, an dem sich auch die übrige kulinarische Welt gefälligst zu orientieren habe. Solange der »Michelin« seinen Nimbus als letztinstanzliche Geschmacksautorität erfolgreich verteidigt, wird Frankreich immer auch die »Grande Nation« der Gourmandise bleiben: Dass sich dort sage und schreibe 26 Restaurants mit der Höchstwertung von drei Sternen schmücken können, in Deutschland aber nur neun und in Italien sogar nur sechs Lokale, sagt eigentlich schon alles. Und als die »Michelin«-Tester sich vor einiger Zeit zum ersten Mal über den Atlantik wagten, um die New Yorker Gastronomie unter die Lupe zu nehmen, verteilten sie zwar gleich vier Mal ihre drei Sterne – allerdings waren drei der ausgezeichneten Köche gebürtige Franzosen.

Im Internet:
www.taillevent.fr

Der Sportschuh

Mit Sportschuhen ist es ein bisschen wie mit Sportwagen: Die meisten Leute sind darin ganz gemächlich unterwegs. Wobei Sportschuhe im Gegensatz zu Sportwagen auch noch den Vorteil haben, ausgesprochen bequem zu sein, was ja gerade der Grund für ihre permanente Zweckentfremdung abseits von Joggingpfaden, Fußballplätzen oder Tennis-Courts ist. Der einstige Straßenkämpfer und spätere deutsche Außenminister Joseph Fischer hielt es gar für opportun, am 12. Dezember 1985 zu seiner Vereidigung als hessischer Umweltminister in einem Paar knöchelhoher Tennisschuhe der Marke Nike anzutreten. Angeblich war ursprünglich ein Modell aus deutscher Fabrikation vorgesehen, aber weil Adidas es abgelehnt hatte, als Honorar für die werbewirksame Performance eine ordentliche Summe Geld an die Initiative »Sportler für den Frieden« zu spenden, kam kurzfristig die amerikanische Konkurrenz zum Zuge. Fünf Jahre zuvor hatte sich übrigens schon der amerikanische Präsident in Tennisschuhen sehen lassen, allerdings weder zur Vereidigung noch in Nikes, sondern zum Barbecue in einem Paar »Nylites« von Tretorn. Der »Nylite« wurde 1964 im schwedischen Helsingborg entwickelt und galt wegen seiner Anfertigung aus hochwertigem Leinen mit aufgenähtem Leder-Logo und Knöchel-Polster als erster Luxus-Sportschuh überhaupt. Die anderen Hersteller sahen sich unter Zugzwang, ein unerbittlicher Stellungskrieg um die Vorherrschaft in Sachen Bequemlichkeit, Leichtigkeit, Dämpfung, Hipness und Street-Credibility hatte begonnen. Wer den Tagessieg davonträgt, entscheidet meist die Mode, weshalb der stilbewusste Turnschuhträger am liebsten nach echten Klassikern Ausschau hält. »Schuh-Bertl« in München beispielsweise lässt in Spanien rahmengenähte Fußballschuhe anfertigen, die einem Adidas-Modell aus den zwanziger Jahren originalgetreu nachempfunden sind. Mit 200 Euro kostet das Paar kaum mehr als gängige Hightech-Sneaker aus ostasiatischer Produktion – und es lässt sich sogar reparieren. Natürlich sollte man in Bertls Vintage-Sportschuhen nicht gerade ein Länderspiel bestreiten, und wer unbedingt einen Marathon absolvieren will, tut dies besser im unangefochtenen Spitzenschuh unter den Langläufern, dem rund 160 Euro teuren »Kayano« von Asics. Aber in die Politik oder zum Grillen gehen der Gentleman und die Frau von Welt besser auf härteren Sohlen.

Im Internet:
www.asics.com
www.schuh-bertl.de

Der Sportwagen

1001 PS stark, 406 Stundenkilometer schnell, 16 Zylinder, von null auf hundert in weniger als drei Sekunden: Keine Frage, der Bugatti »Veyron« ist das Maß aller Dinge. Und eine einzige Provokation: 1,4 Millionen Euro teuer, vom Spritverbrauch wollen wir jetzt gar nicht erst anfangen. Oder nur so viel dazu sagen: Bei Vollgas ist der Tank nach einer Viertelstunde leer. Und wenn die Flunder einen Platten hat, kann das ein bisschen dauern, denn die Reifen sind eine Spezialanfertigung von Michelin, also nur direkt beim Hersteller zu bekommen. Kein normaler Mensch würde solch ein rollendes Kraftwerk heute noch bauen, das jegliche Vernunft, jegliches ökonomische Kalkül geschweige denn jeglichen Gedanken an die Umwelt einfach vollständig ignoriert. Geschosse wie der »Veyron« kämen wohl dabei heraus, wenn man einen technikbegeisterten Zwölfjährigen zum Chef einer Sportwagen-Entwicklungsabteilung mit unbeschränktem Budget machen würde. Und ein bisschen war es ja auch so. Mit dem kleinen Unterschied, dass Ferdinand Piëch eben keine zwölf mehr war, als er als Vorstandsvorsitzender von VW die Markenrechte an Bugatti kaufte, um sich im elsässischen Molsheim den Traum von einem Super-Boliden verwirklichen zu lassen. Andererseits: Wer sich sonst den lieben langen Tag mit der Konstruktion langweiliger Familienkutschen befassen muss, der sollte doch eigentlich das Recht dazu haben, auch mal so richtig über die Stränge zu schlagen.

Der »Veyron« mag für sämtliche Superlative gut sein, eines ist er jedenfalls nicht: ein richtiger Bugatti. Dafür ist seine Technik viel zu kompliziert, was im Übrigen auch zu einem Leergewicht von fast zwei Tonnen führt. Die Originalentwürfe von Ettore Arco Isidoro Bugatti hingegen waren Meisterwerke der Einfachheit: perfekt durchdachte und verarbeitete Autos, auf das Wesentliche reduziert. Der zwischen den Jahren 1924 und 1930 gebaute »Typ 35« ist in dieser Hinsicht der Bugatti schlechthin. Das spartanisch wirkende Gefährt mit drahtvernähter, hinten spitz zulaufender Karosserie war im Vergleich zu den konkurrierenden Sportwagen dieser Zeit geradezu schwachbrüstig. Aber wegen seiner überragenden Fahreigenschaften, der Straßenlage, der Bremsleistung und der Zuverlässigkeit hängte sie der »35er« alle ab. Mit mehr als 5.000 Einzelsiegen innerhalb von nur sechs Jahren ist es außerdem das erfolgreichste Rennauto aller Zeiten, und es sieht wahrlich nicht so aus, als würde dieser Rekord jemals gebrochen. Wer heute einen »Typ 35« bekommen will, muss freilich mindestens so viel Geld ausgeben wie für einen fabrikneuen »Veyron«. Aber dafür steht dann eben auch kein VW in der Garage.

Überhaupt verhält es sich mit Sportwagen ja so, dass sie früher immer irgendwie besser waren – oder zumindest besser aussahen. Betrachten wir doch nur die vier großen Klassiker der Nachkriegszeit, um zu wissen, was gemeint ist. Da wäre zunächst der 300er SL Flügeltür-Mercedes zu nennen, der 1954 erstmals präsentiert wurde und derzeit zu Preisen um die 500.000 Euro gehandelt wird. Dann von 1955 an der BMW 507 (ebenfalls rund 500.000 Euro), einer der schönsten Roadster ever, entworfen vom kürzlich verstorbenen Albrecht Graf von Goertz, gefahren unter anderem von Elvis Presley. Oder der zwischen 1961 und 1964 gebaute Ferrari 250 GTO mit 300 PS (kaum unter einer Million Euro zu finden), neben dem die aktuelle Modellpalette aus Maranello beinahe etwas blass wirkt. Nicht zu vergessen natürlich der gute, alte Porsche 911: erfolgreich seit 1963 – und aus der Anfangszeit mit etwas Glück schon für 30.000 Euro zu haben.

Laien sollten sich beim Kauf allerdings unbedingt von einem Gutachter beraten lassen oder einen Oldtimer-Club zu Rate ziehen, um hinterher nicht mit einem Replikat dazustehen – besonders Argentinien ist berüchtigt für seine Fälscher-Werkstätten. Vom Mercedes SSK zum Beispiel, einem Kompressor-Sportwagen aus den zwanziger Jahren, sind inzwischen mehr als doppelt so viele »Originale« unterwegs, als damals überhaupt gebaut wurden.

Fachhändler im Internet:
www.thiesen-kg.de
www.mirbach.de
www.axelschuette.de

Das Steak

Das Verhältnis der Amerikaner zu ihrem Steak kann am besten ermessen, wer einmal ganz unbedarft die Madison Avenue entlangschlendert und an New Yorks feiner Upper East Side, eingerahmt von den Flagship Stores europäischer Top-Couturiers, das Gebäude mit der Hausnummer 1096 entdeckt: eine Metzgerei. Allerdings handelt es sich um keine x-beliebige Fleischtheke, sondern um eine Institution: »Lobel's«, sozusagen New Yorks Steak-Boutique Nummer eins. Das von den Herren Evan, Leon, Stanley und Mark Lobel, Nachfahren eines Czernowitzer Metzgermeisters, betriebene Ladengeschäft genießt unter Steak-Liebhabern kultische Verehrung, Stammkundinnen wie Whoopi Goldberg halten es schlicht für die beste Metzgerei der Welt. Wahrscheinlich ist es auch eine der teuersten, für ein einziges gut abgehangenes Porterhouse-Steak ist man schnell hundert Dollar und mehr los. Dafür gibt's dann aber auch »American Wagyu«, die aus amerikanischer Zucht stammende Variante des extrem gefragten und garantiert in keiner Metzgerei erhältlichen Kobe-Beef.

Original Kobe-Beef ist sowieso eine Welt für sich. Es wird nicht exportiert, und selbst japanische Spitzenköche müssen sich bei den Produzenten für einen Liefervertrag bewerben, wenn sie das fein marmorierte Rindfleisch zubereiten möchten.

Die beste Qualität wird in alteingesessenen, von außen eher unscheinbaren Restaurants der Tokioter Vergnügungsviertel serviert, an den weiß gedeckten Tischen sind Japans Feinschmecker-Millionäre ganz unter sich. Preise dürfte man auf den meisten Speisekarten allerdings vergeblich suchen: Wer hier verkehrt, der weiß auch um die Kosten. Schon im Einkauf liegt ein Kilo Kobe-Rindfleisch bei umgerechnet gut und gern 500 Euro, was angesichts der geringen Bestände und des hohen Aufwands bei der Aufzucht auch kein Wunder ist. Von den landesweit 1,7 Millionen japanischen Wagyus mit ihrer kleinen, stämmigen Figur, dem pechschwarzen Fell und den muskulösen Beinen gelten gerade einmal 10.000 Tiere als echte Kobe-Rinder mit besten Genen sowie einem astreinen, amtlich beglaubigten Stammbaum. Sie wohnen standesgemäß im gepflegten Ambiente eines mit Reisstrohmatten ausgelegten, sauberen Stalls, in dem Ventilatoren oder Klimaanlagen für eine gute Atmosphäre sorgen, und bekommen ein natürliches Kraftfutter zu fressen, das vor allem Getreide, Weizenkleie, Mais und Sojaderivate enthält. Die Ballaststoffe erweitern den Magen, sodass später viel hineinpasst und die Tiere ihr Schlachtgewicht auch ohne Wachstumshormone erreichen.

Manche Züchter verabreichen ihren Tieren zum Dessert sogar noch einen Liter Bier oder geben ihnen etwas Sake zu trinken, weil das angeblich den Stress abbaut und das Fleisch noch saftiger und zarter machen soll. Außerdem werden die Rinder täglich von Menschenhand und einer harten Bürste massiert, damit die Fetteinsprengsel in das magere Fleisch eindringen und gleichmäßig verteilt werden. Überhaupt, das Fett: Während vielen westlichen Rassen der Fettgehalt im Muskelfleisch fast weggezüchtet wurde, beträgt er bei Kobe-Rindern um die dreißig Prozent, was nicht nur für den unnachahmlichen Geschmack, sondern auch für typische schmelzende Textur sorgt. Mit einem optimalen Verhältnis der ungesättigten zu den gesättigten Fettsäuren von zwei zu eins ist es obendrein auch noch gesund; ein ganzes Steak enthält sämtliche essentiellen Aminosäuren ebenso wie hochwertiges Eiweiß, Phosphor, Zink, Eisen sowie die Vitamine B 1, B 2, B 3 und B 12.

In Amerika und Australien beschäftigen sich einige Farmen schon seit längerer Zeit mit der Aufzucht japanischer Rinderrassen, die Europäer hinken ein wenig hinterher. Was nicht heißt, dass man sich bei »Lobel's« in New York eindecken muss, um seine Nachbarn mit einem Wagyu-Grillabend zu überraschen. »Otto Gourmet« zum Beispiel vertreibt in Deutschland Rindfleisch von der »Morgan Ranch« in Nebraska, einem Vorreiter der Wagyu-Züchtung in den Vereinigten Staaten. Ein Kilo Filet liegt bei rund 200 Euro. Aber bitte nicht zu lange auf dem Rost lassen, sonst fällt das wertvolle Fett nämlich der Glut anheim.

Im Internet:
www.lobels.com
www.otto-gourmet.de

Die Stopfleber

Wenn den Franzosen etwas heilig ist, hat es meist mit Essen zu tun. Insofern war es nur konsequent, dass die französische Nationalversammlung im Oktober 2005 Foie gras zum nationalen Kulturerbe erklärt hat, zumal durch diesen Schritt das traditionelle Stopfen der Gänse und Enten von Tierschutzgesetzen ausgenommen wurde. Undenkbar, dass sich am Ende noch genussferne EU-Bürokraten des Themas annehmen und den Bewohnern der Grande Nation eine ihrer vorzüglichsten Delikatessen verleiden! Immerhin haben berühmte französische Küchenchefs schon Stopfleber serviert, als anderswo noch mit den Fingern gegessen wurde. Bereits in den ersten Rezeptsammlungen aus dem 17. Jahrhundert findet man Foie gras, Könige wie Revolutionäre schätzten gleichermaßen die außergewöhnlich zarte Textur dieser Spezialität. Im 20. Jahrhundert erschien »Le guide culinaire«, ein kulinarisches Kompendium des berühmten Kochs Auguste Escoffier, der Foie-gras-Zubereitungen einen eigenen Abschnitt widmete.

Aber was ist denn nun besser: Gans oder Ente? Eine Geschmacksfrage. Stopfleber von der Ente hat das rustikalere Aroma und eine etwas dunklere Farbe als die einer Gans. Vor allem aber ist Entenleber wesentlich verbreiteter, und nicht selten wird sie sogar in Spitzenrestaurants als edlere Gänseleber verkauft. Jedenfalls stammen von den rund 17.000 Tonnen in Frankreich produzierter Stopfleber nur etwa 500 Tonnen von heimischen Gänsen. Weitere 600 Tonnen werden jedes Jahr aus Ungarn importiert, dem heute zweitgrößten Foie-gras-Hersteller der Welt. Ansonsten sind nur noch Bulgarien und Israel ernst zu nehmende Konkurrenten, allerdings steht bei vielen französischen Produzenten die ungarische Gänseleber wegen ihrer hervorragenden Qualität besonders hoch im Kurs.

Gestopft werden sowohl Enten als auch Gänse traditionell mit Mais. Während die Tiere in kleineren Familienunternehmen noch von Hand gestopft werden, bekommen sie in industriell organisierten Betrieben das Futter per Pressluft eingetrichtert. Denn das Foie-gras-Gewerbe mag zwar in Frankreich zu einem Traditionshandwerk verklärt werden, tatsächlich aber können die Gourmets dieser Welt kaum allein von bäuerlichen Kleinproduzenten versorgt werden. Kleinere und mittlere Fabriken wie die Firma Edouard Artzner in Straßburg bilden die nächstgrößere Einheit, dort arbeiten etwa 130 Mitarbeiter, darunter 14 Köche. Sie exportiert rohe Stopflebern vor allem nach Japan und Hongkong, nach Deutschland werden hauptsächlich Konserven geliefert, in Zusammenarbeit mit dem Feinkosthändler »Caviar House« auch frische und halbkonservierte Foie gras. Behaupten müssen sich diese mittleren Unternehmen insbesondere im Konservensegment gegenüber den Größen der Branche wie dem Weltmarktführer Rougié, der im Südwesten Frankreichs seinen Sitz hat. 700 Angestellte beschäftigt Rougié, 160 Stopfbetriebe stehen unter exklusivem Vertrag.

Für alle Hersteller aber gilt gleichermaßen: Die Verarbeitung der Stopfleber ist streng reglementiert. Als Foie gras von der Ente (Foie gras de canard) oder der Gans (Foie gras d'oie) dürfen drei Produkte bezeichnet werden: »Foie gras entier«, »Foie gras« (im engeren Sinne sozusagen) und »Bloc de Foie gras«. Die »Foie gras entier« ist die vollständige Stopfleber eines einzigen Tiers, bei der »Foie gras« (im engeren Sinn) werden mehrere Leberlappen von verschiedenen Stopflebern zusammengesetzt. Hier zeigt sich die Kunst des »Producteurs« in der richtigen Mischung der unterschiedlichen Leberlappen. Anders der »Bloc de Foie gras«: Er setzt sich aus mehreren Leberteilen von minderer Qualität zusammen. Wird Foie gras als getrüffelt (truffé) bezeichnet, muss der Pilzanteil mindestens drei Prozent ausmachen.

Foie gras ist roh (cru), frisch (frais), halbkonserviert (semi-conservé oder mi-cuit) und konserviert (conservé oder cuit) erhältlich. Die rohe Leber wird kurz angebraten und perfekt durch fruchtige Aromen ergänzt wie ein Rhabarberconfit oder eine Zitronensauce. Rohe Foie gras ist bei null bis vier Grad eingewickelt in ein Tuch etwa fünf Tage haltbar, vakuumverpackt etwa zwölf Tage. Ein Kilo rohe Gänseleber kostet um die 60 Euro, Entenleber um die 50 Euro.

Frische Foie gras wird bei 65 Grad im Ofen mit Wasserdampf erhitzt. Sie muss bei einer Lagerung zwischen null und drei Grad innerhalb von drei Wochen gegessen werden. Diese Variante wird vakuumverpackt, in Porzellanterrinen oder einem Tuch angeboten. Der Kilopreis liegt für die Gänsestopfleber bei etwa 200 Euro, bei der Entenleber bei etwa 170 Euro. Pro Person sollte man 50 Gramm veranschlagen.

Halbkonservierte Stopfleber wird bei 80 Grad gekocht (mi-cuit) und ist bei null bis drei Grad sechs Monate haltbar. Man muss mit mindestens 140 Euro je Kilo rechnen. Zwar ist im direkten Vergleich der Unterschied zwischen einer frischen und einer halbkonservierten Foie gras deutlich zu schmecken, Letztere behält aber erstaunlich gut die typisch feine und schmelzende Textur der Leber. Bei der konservierten Stopfleber (conservé oder cuit), die bei 110 Grad haltbar gemacht wird, geht der Geschmack weitgehend verloren, die verbreitete Form des »Bloc de Foie gras« ist nicht zu vergleichen mit einer Scheibe frischer Stopfleber.

Neben diesen reinen Foie-gras-Produkten gibt es diverse Pasten, die zu einem Teil aus Foie gras hergestellt werden und die Bezeichnung »Foie de canard« oder »Foie d'oie« tragen dürfen. Hierzu gehören das »Parfait de foie de canard« und das »Parfait de foie d'oie«, die einen Mindestanteil von 75 Prozent Stopfleber haben müssen. Pâtés, Mousses und Galantines benötigen nur 50 Prozent Stopfleber.

Stopfleber wird gut gekühlt in Scheiben angerichtet, dazu sollte man ein Weingelee und in dünne Scheiben geschnittenes, getoastetes Landbrot essen. Süßweine wie Tokay Pinot Gris, Sauternes, Monbazillac und Juracon sind die klassischen Begleiter im Glas. Auch ein Champagner passt – wie immer –gut dazu .

Im Internet:

www.edouard-artzner.com
www.caviar-house.de

Der Strumpf

Dass das mit dem »Neuen Markt« nichts werden würde, war vorauszusehen. Zum Beispiel an jenem Tag, als sich ein alerter Jungunternehmer anlässlich des Börsengangs seiner Internet-Startup-Klitsche in »Hoppla, jetzt komm ich«-Pose vor der Frankfurter Börse für die Presse fotografieren ließ. Der Mann hielt es für angemessen, in dunklem Business-Anzug wie ein Rodeoreiter auf der bronzenen Bullenskulptur Platz zu nehmen und das Victory-Zeichen zu machen – was an sich schon ein furchtbarer Anblick war. Zu allem Elend rutschte ihm dabei auch noch das Hosenbein hoch und zum Vorschein kamen: nackte Waden sowie lustige Socken in Mickymaus-Muster. Einige Jahre später war das Unternehmen natürlich pleite, doch die Warnung blieb ungehört. Denn manche Sätze kann man tausendfach wiederholen, und es hilft trotzdem nichts. Folgendes also zum 1001. Mal: Männer sollen bitte Kniestrümpfe tragen. Und zwar in einer Farbe und einem Material, die dem Anzug und dem Schuhwerk angemessen sind. Mehr sagen wir jetzt nicht dazu, es hat ja sowieso keinen Sinn.

Dass ausgerechnet aus dem strumpfkulturell unterentwickelten Deutschland die besten Strümpfe der Welt kommen, gibt da auch nur bedingt Anlass zur Hoffnung. Da macht sich also die altehrwürdige Firma »Falke« aus dem sauerländischen

Schmallenberg richtig viel Mühe und präsentiert mit ihrer »Luxury-Collection« eine Herrenstrumpf-Kollektion, die diesen Namen wirklich verdient hat. »No. 1«, zum Beispiel, ein Strumpf aus zweifädigem Kaschmir von Loro Piana für 79 Euro das Paar – traumhaft. Oder »No. 4« (39 Euro) aus reiner japanischer Seide: hauchzart und trotzdem so fest verarbeitet, dass man darin noch in fünf Jahren jeden Ball übersteht. In der Art geht das munter weiter: mit Merinowolle, Karnak-Baumwolle, hier ein bisschen Kaschmir dabei, dort ein bisschen Seide beigemischt, bis zum Strumpf »No. 13« aus »Sea Island«-Baumwolle für 29 Euro.

So weit, so gut. Aber jetzt die schlechte Nachricht: Sämtliche Modelle sind auch im kurzen Socken-Format erhältlich, und zwar für bis zu zehn Euro weniger als der jeweilige Strumpf. Also bitte mal herhören, liebe Familie Falke aus dem Sauerland: Wenn ihr schon unbedingt Luxus-Socken unters Volk bringen müsst, dann verkauft sie aus Gründen der Abschreckung mindestens doppelt so teuer wie eure Strümpfe. Und kommt bloß nicht auf die Idee, irgendwann noch Mickymäuse draufzudrucken, nur weil die Internet-Branche wieder boomt.

Im Internet:
www.falke.de

Die Tapete

Die Tapete ist der Cliff Richard unter den Einrichtungsgegen-
ständen: Alle paar Jahre versucht sie ihr Comeback. Die Rede
ist natürlich nicht von der neutralen Raufasertapete, deren
Existenzberechtigung so unhinterfragbar zu sein scheint wie
die von hellgrauer Auslegware oder Laminatböden. Gemeint
sind vielmehr jene floral gemusterten Wiedergänger der als
Ausdruck eines kleinbürgerlichen Dekorationswahns zeitweise
und keineswegs immer nur zu Unrecht in Verruf geratenen
Blümchentapeten. »Retro-Chic« ist der in diesem Zusammenhang am häufigsten bemühte Begriff, mit dem eine Verschwö-
rerbande neokonservativer Lifestyle-Ratgeber immer mal wieder versucht, ihre einfallslose Rollback-Strategie als halbiro-
nische »Wiederentdeckung der Gemütlichkeit« zu verbrämen.
Wundern muss man sich allenfalls darüber, dass sämtliche hippen Blümchen-Apologeten, die den Minimalismus neuerdings
als spießig diffamieren, noch vor ein paar Jahren von kargen
Lofts mit schmucklosen Betonwänden träumten. Kurzum: Dieses ganze Gerede ist nicht ernst zu nehmen, zumal die vermeintliche Dichotomie in Bauhaus-Ästhetik auf der einen und
Tapeten-Kuscheligkeit auf der anderen Seite nie existiert hat.
Sogar Walter Gropius und Le Corbusier haben im Laufe ihres
Schaffens eine ganze Reihe von Tapeten entworfen.

Qualitätstapeten sind eben kein billiger Modegag, sondern das genaue Gegenteil davon: eine sehr teure und extrem langlebige Angelegenheit.

Wer seine eigenen vier Wände beispielsweise mit den »Panneaus« genannten Druckwerken der elsässischen Tapetenmanufaktur Zuber ausstaffieren möchte, sollte wissen: Diese Landschaftspanoramen sind geschaffen, um den heimischen Salon für die nächsten hundert Jahre in ein bukolisches Idyll zu verwandeln – sozusagen eine elitäre Version der Partykeller-Fototapete aus den siebziger Jahren. Die Motive der Zuberschen Panneaus tragen so verheißungsvolle Namen wie »Eldorado« oder »Isola Bella« und zeigen orientalisch anmutende Flusslandschaften mit halbverfallenen Tempelanlagen oder die üppige Vegetation einer tropischen Fantasie-Insel. Das Empfangszimmer des Weißen Hauses in Washington ist hingegen mit der historisierenden Ansicht einer nordamerikanischen Hafenstadt aus dem 18. Jahrhundert dekoriert, und auch diese gewaltige Tapete stammt aus den Rixheimer Werkstätten des Familienunternehmens Zuber. Jacqueline Kennedy hatte sich während der Regierungszeit ihres Mannes eine solche aus 32 Bahnen bestehende Originalfertigung von 1834 gewünscht, wahrscheinlich eingedenk ihrer französischen Wurzeln.

Im Frankreich des 19. Jahrhunderts waren üppige Panoramatapeten nämlich ein Zeichen des feinen Geschmacks und durften in keinem großbürgerlichen Haushalt fehlen, später ließ Thomas Mann auch die frankophile Konsulin Buddenbrook ihre Gedichte in einem »Landschaftszimmer« verfertigen, dessen Tapeten mit den Abbildern »fröhlicher Winzer und emsiger Ackersleute« bedruckt waren.

Bei Zuber werden solche Kunstwerke heute noch hergestellt wie zu Zeiten ihrer höchsten Blüte, und zwar ausschließlich von Hand, unter Verwendung historischer Druckstöcke. Die Farbenmischer müssen oft in stundenlanger Arbeit hauchfeine Dosierungen verändern, um den richtigen Ton zu treffen – schließlich dürfen sich ja die Tapetenbahnen nicht in der kleinsten Nuance voneinander unterscheiden, wenn sie hinterher Seite an Seite an der Wand hängen. Ein komplettes Panorama besteht aus 18 bis 24 Rollen, die eine 3,90 Meter hohe Wand von der Länge zwischen 8,50 Metern und 12 Metern bedecken können, der Preis pendelt entsprechend zwischen 9.500 Euro und 25.000 Euro. Heimwerker sollten deshalb besser die Finger davon lassen und zum Tapezieren ausnahmsweise einen Profi engagieren.

Im Internet:
www.zuber.fr

Das Taschentuch

Es bleibt vom Aussterben bedroht, aber nicht etwa, weil die Schnupfenbakterien dezimiert wurden, sondern wegen der unerbittlichen Konkurrenz seitens »Tempo« und Konsorten. Dabei verrichtet das klassische Stofftaschentuch im Gegensatz zum bloß dekorativen Einstecktuch doch seit Jahrhunderten treue Dienste und ist sich für keine Arbeit zu fein: als elegantes Depot für die Ausscheidungen von laufenden Nasen genauso wie als Wink-Element oder Gelegenheits-Putzlappen für verschmutztes Kirchengestühl. Außerdem würde kein Mann einer Frau das beiläufig zu Boden geworfene »Kleenex« hinterhertragen. Und der vor Rührung weinenden Braut wird ja wohl auch niemand vor dem Altar ein simples Papiertaschentuch aus der Plastikhülle reichen wollen.

Für diese und ähnliche Fälle gibt es zum Glück noch immer die herrlichen Stofftaschentücher von »Lehner« aus Appenzell in der berühmten »Schweizer Qualität« – also aus allerfeinstem Leinen oder ägyptischer Baumwolle mit von Schweizer Hausfrauen in Heimarbeit handrolliertem Saum. Solch ein schönes Mouchoir übersteht anstandslos mehr als fünfhundert Wäschen und kostet dennoch allenfalls zwanzig Euro – kein Wunder, dass die Branche zu kämpfen hat. Überlebenshilfe leisten dankenswerterweise die Japaner, die schon immer ein Faible für edle Stofftaschentücher hatten. Dort ist es nämlich üblich, bei der Übergabe von Geschenken die Hand damit zu bedecken.

Im Internet:
www.lehner.ag

Der Tee

Schon die Landschaft ist märchenhaft: Das im Nordwesten der südostchinesischen Provinz Fujian gelegene Wuyi-Gebirge hat mit seinen bizarren Felsformationen, den tiefen Höhlen, engen Schluchten und ungezählten Wasserfällen die Besucher von alters her verzaubert und ganzen Künstlergenerationen als Inspirationsquelle gedient. 1999 von der Unesco zum Weltnaturerbe erklärt, bildet die bewaldete, feucht-warme Bergregion außerdem eine ideale Lebensgrundlage für Tausende Tier- und Pflanzenarten – darunter auch einen der wohl seltensten, besten und mit Sicherheit teuersten Tees der Welt: »Da Hong Pao«, ein Oolong, der den meisten Kennern unter dem Namen »Big Red Robe« ein Begriff ist. Die Legende besagt, dass ein junger Mann einst auf dem Weg zu seiner Beamtenprüfung war, als er im Wuyi-Gebirge erkrankte und von Mönchen gepflegt werden musste. Diese flößten ihm mehrere »Da Hong Pao«-Aufgüsse ein, woraufhin sich der Patient rasch erholte und seine Reise fortsetzen konnte. Die Prüfung erreichte er nicht nur rechtzeitig, er bestand sie sogar mit Bravur, und als er Jahre später als hoher Beamter in die Gegend zurückkehrte, legte er den wundersamen Teepflanzen als Zeichen seiner Anerkennung und Dankbarkeit einen roten Umhang um. Weil die Geschichte so schön ist, hört sie natürlich nicht einfach auf. Ein paar wenige dieser rotbemäntelten Original-Teepflanzen existieren angeblich bis heute, für ihre Blätter bieten Liebhaber bei Auktionen umgerechnet an die 10.000 Euro je einhundert Gramm.

Deutlich preiswerter, aber mit rund 70 Euro für hundert Gramm immer noch alles andere als billig ist der braune Oolong von den Ablegern der »Da Hong Pao«-Büsche. Er vereint in sich das Aroma frischer Lychee-Blüten, Pflaumen und Pfirsiche bis hin zu dem von Kastanien und Haselnüssen – was insgesamt nach einem heillosen geschmacklichen Durcheinander klingt, sich in Wahrheit aber auf die verschiedenen Aufgüsse bezieht. Denn ein so hochwertiger Oolong wie der »Da Hong Pao« kann und soll sogar mehrfache Verwendung finden: Man füllt einfach eine relativ große Menge davon in eine kleine Kanne, übergießt das Ganze mit achtzig Grad heißem Wasser und lässt es beim ersten Mal nicht länger als 15 Sekunden ziehen. Bei jeder neuen der insgesamt bis zu zwanzig möglichen Runden gibt man dem Tee ein paar Sekunden mehr Zeit, das Aroma wird dadurch nicht blasser, sondern bringt im Gegenteil von Aufguss zu Aufguss neue Nuancen hervor.

Tee ist nach Wasser das meistkonsumierte Getränk der Welt. Da liegt es auf der Hand, dass die Qualitätsspanne entsprechend breit ist und es auch ganz am oberen Ende den einzig wahren Spitzen-Tee nicht gibt, zumal wie immer persönliche Vorlieben entscheidend sind. Aber zwei Sorten sollten vielleicht dennoch kurz erwähnt werden, weil sie jeweils eine Klasse für sich bilden: Weißer »Silbernadel«-Tee (»Yin Zhen«) aus China sowie Gyokuro, ein japanischer grüner Tee. Weißer Tee, der praktisch unbearbeitet bleibt und dessen Blätter nur langsam und schonend getrocknet werden, war in der westlichen Hemisphäre lange Zeit kaum bekannt, stößt aber wegen zahlreicher gesundheitsfördernder Eigenschaften auch bei uns zunehmend auf Interesse. So soll er unter anderem das Immunsystem stärken und die Konzentrationsfähigkeit vergrößern. Silbernadel-Tee, wie ihn etwa das Pariser Teehaus »Mariage Frères« vertreibt (100 Gramm à 70 Euro), wird während nur zwei Tagen im Jahr ausschließlich von Hand gepflückt, wobei lediglich allerbeste junge Triebe ausgewählt werden. Charakteristisch sind die weißen, flaumigen Härchen, die die Blattknospe überziehen und dem ausgesprochen frisch und subtil schmeckenden Tee seinen Namen geben.

Gyokuro (»Kostbarer Tautropfen«) ist der wohl edelste grüne Tee überhaupt und wird in Japan mit ganz besonderer Sorgfalt kultiviert. Rund drei Wochen vor der Ernte werden die Pflanzen mit Schilfmatten überdeckt, was ihnen die typisch dunkelgrüne Farbe und einen geringeren Tannin-Gehalt als üblich verleiht; der Geschmack ist dadurch besonders aromatisch und mild. Rund 85 Euro kosten bei »Mariage Frères« 100 Gramm dieses seltenen Tees, womit sich natürlich auch die Frage nach einem angemessenen Trinkgefäß stellt. Zumindest Japanern fällt die Antwort darauf leicht: Am besten serviert man den Gyokuro in einer der auf den ersten Blick seltsam grobschlächtig wirkenden Keramikschalen des Meister-Töpfers Raku Kichizaemon, 15. Spross der berühmtesten japanischen Töpferfamilie. Von Hand geformt, also nicht auf Scheiben gedreht, werden die dickwandigen Schalen bei Temperaturen um die tausend Grad gebrannt – und zu Preisen zwischen umgerechnet 30.000 und 140.000 Euro pro Stück verkauft. Die Tee-Zeremonie kann beginnen …

Im Internet:
www.mariagefreres.com
www.raku-yaki.or.jp

Der Trenchcoat

Beatles oder Rolling Stones? Karl May oder Jules Verne? Lacoste oder Fred Perry? Blond oder brünett? Manchmal muss man sich im Leben zwischen zwei Dingen entscheiden, die jeweils ihre deutlichen Vorzüge haben, aber einfach nicht ohne Weiteres nebeneinander existieren können. In Sachen Trenchcoat lautet die Alternative: Burberry oder Aquascutum.

Warum nicht beide gleichzeitig in einen Kleiderschrank passen? Ganz einfach deshalb, weil sonst ein ständiger Streit zwischen ihnen herrscht, wer denn das Original sei. Dass sowohl die Trenchcoats von Burberry als auch von Aquascutum aus England stammen, versteht sich von selbst, dass ihre Ursprünge ins 19. Jahrhundert zurückreichen, ist so abwegig nicht. Dass beide Firmen ihre berühmten Mäntel ursprünglich für militärische Zwecke entwickelt haben, mag aus heutiger Perspektive hingegen schon mehr verwundern, gelten doch zwei ihrer prominentesten Träger – Inspector Columbo und Rick Blaine alias Humphrey Bogart in »Casablanca« – als zivile Archetypen, denen jegliches militärische Gehabe wesensfremd ist. Aquascutum wurde 1851 von John Emary gegründet, der sich alsbald mit Erfolg daran machte, wasserabweisende Stoffe zu produzieren, und dessen Mäntel schon wenige Jahre später von britischen Soldaten während des Krimkriegs getragen wurden. Thomas Burberry wiederum legte anno 1856 den Grundstock zu seiner Firma, die 32 Jahre später den Gabardine auf den Markt brachte, einen atmungsaktiven Stoff aus imprägniertem Garn. 1895 entstand dann mit Burberrys »Tielocken Coat« eine Offizierspelerine, die im Ersten Weltkrieg zum »Schützengrabenmantel« (so die wörtliche Übersetzung von Trenchcoat) mit Manschettenriemen, Schulterklappen und Bindegürtel vervollkommnet wurde. Zur gleichen Zeit deckte auch Aquascutum das Militär mit fast identischen Mänteln ein.

Diese erstaunliche Parallelität setzt sich bis in die Gegenwart fort: Sowohl Burberry als auch Aquascutum fristeten ihr Dasein lange Zeit als ziemlich verstaubte Altherrenausstatter, bevor beiden die Wende zum trendigen Luxuslabel gelang. Qualitätsfanatiker müssten deswegen eigentlich skeptisch werden, weil Trendigkeit und gute Verarbeitung selten gemeinsame Sache machen. Doch genießen zumindest die Trenchcoats der beiden Traditionsmarken bis heute den allerbesten Ruf. Überflüssig zu erwähnen, dass Trenchcoats von Burberry und von Aquascutum fast gleich viel kosten, nämlich um die tausend Euro.

Im Internet:
www.burberry.com
www.aquascutum.co.uk

Der Trüffel

Trüffel sind eine wahre Wissenschaft. Das wiederum erfreut den Wirt, denn weil sich kaum jemand in der Materie richtig auskennt, braucht er seinen Gästen bloß mit großer Geste ein bisschen von der angeblich so edlen Knolle über einen Teller Nudeln zu hobeln – und kann hinterher ohne mit der Wimper zu zucken Fantasiepreise dafür verlangen. Dass Duft und Geschmack – wenn überhaupt vorhanden – meist vom unter die Pasta gemischten, oft falsch dosierten und zudem vollsynthetischen Trüffelöl stammen, muss ja keiner wissen. Aber es lässt sich eben auch nicht leugnen: Trüffelscheiben oder -stückchen sind selten mehr als reine Dekoration. Gehen wir die Sache also am besten systematisch an und erstellen eine kleine Trüffel-Hierarchie.

Ganz oben und gleichberechtigt nebeneinander stehen die feinsten und leider auch teuersten Vertreter ihrer Art: der weiße Trüffel aus Alba (Tuber magnatum Pico) und der schwarze Périgord-Trüffel (Tuber melanosporum Vitt.). Zwar kostet frischer weißer Trüffel aus dem Piemont mit rund 4.000 bis 5.000 Euro je Kilo etwa dreimal so viel wie frischer schwarzer Périgord-Trüffel, aber daraus eine Rangfolge abzuleiten wäre vermessen. Denn nicht nur ist der weiße etwa dreimal ergiebiger (pro Person reichen etwa fünf Gramm für das Geschmackserlebnis aus) als der schwarze Trüffel, die beiden Sorten sind auch insgesamt recht unterschiedlich. Während weißer Trüffel nach Honig, Heu, Knoblauch oder manchmal auch nach Ammoniak duftet, erinnert schwarzer Trüffel an Brühe, Moschus oder Muskat.

Weißer Trüffel lässt sich nicht konservieren und sollte deswegen während der Saison von Oktober bis Dezember im Idealfall am Fundort selbst gegessen werden; nach spätestens einer Woche an der frischen Luft ist der Zauber verflogen. Kochkünste sind für seine Zubereitung allerdings kaum erforderlich, man braucht ihn beispielsweise nur über Bandnudeln, Risotto oder Tartar zu hobeln. Grundsätzlich gilt: Je runder die Form und je glatter die gelbliche Oberfläche, desto höher der Wert. Außerdem sollte ein frischer, praller Trüffel von ausgeprägter Festigkeit sein, darf also nur leicht nachgeben, wenn man ihn mit Daumen und Zeigefinger drückt – zu harte Exemplare sind meist unreif, zu weiche hingegen oft alt und ohne volles Aroma. Ein perfekter Tuber magnatum Pico riecht harmonisch, sein von zahlreichen weißen, weitverzweigten Adern durchzogenes Inneres, die so genannte Gleba, zeigt weiße und rosafarbene Färbungen.

Périgord-Trüffel, der entgegen seiner landläufigen Bezeichnung zum Großteil aus der Provence stammt, wird von Anfang Dezember bis Ende März gesammelt, die besten Exemplare gibt es zwischen dem 15. Januar und dem 15. März. Etwa zehn Tage hält er sich frisch. Als eingekochte Konserve verliert er rund 40 Prozent seines ursprünglichen Aromas. Gerade weil der schwarze Trüffel beim Kochen so viel Geschmack abgibt, wird er traditionell zusammen mit einem Gericht gegart – etwa im Ofen, versteckt unter der Haut eines Huhns, oder auch nur als Beigabe zum Spiegelei.

Als Trüffel der zweiten Kategorie könnte man solche Stücke klassifizieren, die die oben genannten Merkmale zwar im Wesentlichen erfüllen, aber außerhalb der Saison oder in weniger renommierten Gegenden gefunden wurden: zum Beispiel weißer Trüffel aus Umbrien oder Slowenien genauso wie schwarzer Trüffel im April. Auch der so genannte Wintertrüffel (Tuber brumale Vitt.) spielt in der zweiten Klasse mit: Er ist nicht so aromatisch wie Périgord-Trüffel, kostet deswegen auch nur rund die Hälfte – und wird in betrügerischer Absicht gern mit seinen edleren Verwandten vermischt.

Deutlich darunter findet der in gehobeneren Restaurants häufig verwendete, aber wenig aufregende Sommertrüffel (Tuber aestivum Vitt.) seinen Platz. Er kostet zwischen 200 und 600 Euro je Kilogramm, hat von Mai bis Dezember Saison, wird aber ohnehin meist als Konserve gehandelt. Das Schlusslicht bilden die kulinarisch völlig uninteressanten China-Trüffel. Sie kosten zwar nur um die 120 Euro je Kilo, dürfen aber gleichwohl als »echte schwarze Trüffel« bezeichnet werden. Damit lassen sich zwar gewiss nette Farbtupfer setzen, mehr aber auch nicht.

Die Unterwäsche

Einer Umfrage zufolge werden zwei Drittel aller Männerunterhosen von Frauen gekauft. Was aber bedeutet das für uns? Dass die Damen beim Erwerb solcher Kleidungsstücke ihre Fantasie spielen lassen wollen? Dass sie mit derlei Lustkäufen eine erotische Widmung an ihre Gefährten verbinden? Handelt es sich gar um ein Bekenntnis? Wenn es bloß so wäre! In Wahrheit geht es doch nur darum, Schlimmstes zu verhindern. Da kann ein Mann nämlich feinste Anzüge tragen, in Maßschuhen durchs Leben stolzieren und überhaupt bei jeder Gelegenheit der sinnlichen Verfeinerung frönen. Aber wenn's drauf ankommt, steht er plötzlich in Boxer-Shorts mit putzigen Bärchen vor seiner Angebeteten. Pragmatiker mögen einwenden, das sei in diesem fortgeschrittenen Stadium der gegenseitigen Annäherung gar nicht mehr von Belang. Aber diese Menschen ahnen ja nicht einmal, dass mangelnder Respekt gerade in intimen Situationen besonders verletzend und abstoßend wirkt. Und hässliche Unterwäsche, für die fast alle Männer aus bisher ungeklärten und möglicherweise genetisch bedingten Gründen ein sicheres Händchen zu haben scheinen, ist nun einmal der Gipfel an Respektlosigkeit – übrigens auch vor sich selbst.

Wie sehr sich außerdem irren kann, wer die Unterwäsche gewissermaßen als ein Stück Privatsphäre am Leib trägt, die deshalb keiner besonderen Aufmerksamkeit bedürfe, weil sie vor den Blicken der Öffentlichkeit verborgen bleibt, zeigt der Fall des früheren britischen Premierministers John Major: Eine gewisse Edwina Currie enthüllte Jahre nach dessen Regentschaft nicht nur, dass sie eine Affäre mit dem als blass geltenden Politiker gehabt habe, sondern klärte ihre Landsleute auch noch über die Farbe seiner Unterhosen auf. Sie waren blau.

Es gibt also viele Gründe, seine Unterwäsche mit Bedacht zu wählen, mal ganz davon abgesehen, dass sich gute Qualität einfach besser anfühlt. Aber soll man deshalb gleich einem Produzenten trauen, der mit dem Slogan »The world's finest underwear« für sich wirbt? Ausnahmsweise schon, denn es handelt sich um die Firma Zimmerli, und die Firma Zimmerli sitzt in der Schweiz, deren Bewohner bekanntlich selten zu Übertreibungen und Größenwahn neigen. Die Ursprünge des Unternehmens liegen im Jahr 1871, als die Arbeitsschullehrerin Pauline Zimmerli-Bäuerlein eine amerikanische Strickmaschine erwarb, um Strümpfe, Socken und Unterhemden damit zu fertigen. Danach ging es mal bergauf und mal bergab, 1991 endete eine längere Talfahrt im Konkurs. Aber eine Neugründung des Produktionsbetriebs im gleichen Jahr bewahrte den Firmennamen davor, in Vergessenheit zu geraten, und von da an startete Zimmerli erst richtig durch.

Nobelkaufkäuser wie »Barneys« in New York führen Zimmerlis Höschen und Hemdchen heute ganz selbstverständlich im Programm, tout Hollywood weiß die edle Trikotage aus der Eidgenossenschaft zu schätzen, und der Schauspieler Bill Murray ließ sich gar zu dem Bekenntnis hinreißen, für ihn sei Zimmerli »die beste, komfortabelste Herrenwäsche der Welt«. Wer solche Kunden hat, kann sich das Werbebudget sparen und steckt sein Geld lieber in besonders hochwertige Ausgangsmaterialien wie zweimal mercerisierte, ägyptische Langstapel-Baumwolle, Seide oder Cashmere, damit das Renommee noch länger hält als die Produkte selbst. Bei Preisen von rund 50 Euro für eine Unterhose und etwa 60 Euro für ein Unterhemd handelt es sich zudem um eine durchaus bezahlbare Investition. John Major hat sie damals offenbar dennoch gescheut, denn Herrenunterhosen von Zimmerli gibt es nur in den Farben weiß und schwarz.

Im Internet:
www.zimmerli.ch

Die Visitenkarte

Hat der Papst eigentlich Visitenkarten von sich? Wenn ja, was steht da wohl drauf: Die Adresse? Seine Handynummer? Und als Berufsbezeichnung »Heiliger Vater«? Eher nicht, aber als Oberhirte der katholischen Kirche verfügt der Mann ja über einen gewissen Popularitätsvorsprung und kann damit rechnen, dass auch Zufallsbekanntschaften über seine Funktion oder seinen Wohnort recht gut Bescheid wissen. Was nicht heißen soll, Prominente würden grundsätzlich auf Visitenkarten verzichten – selbst dann nicht, wenn sie glauben, dass sie ohnehin jeder kennt. Frank Sinatra beispielsweise hat sich seine Namenskärtchen bei der Druckerei Bölling in Bad Soden anfertigen lassen, genauso wie Herbert von Karajan, etliche Bundespräsidenten, Ministerpräsidenten und andere Kollegen aus der Spitzenpolitik, der Hochfinanz oder dem Unterhaltungsgewerbe. Und sei es nur, um einer jungen Dame, mit der man sich den Abend über an der Hotelbar angeregt unterhalten hat, die Zimmernummer nicht auf einen simplen Bierdeckel kritzeln zu müssen.

Allemal ist eine Visitenkarte kein profanes Stückchen Karton, sondern Spiegel der Persönlichkeit ihres Trägers: Welche Schriftart wurde gewählt? Wie groß sind die Lettern? Und vor allem: Was steht darauf? Auch wenn moderne Benimm-Fibeln ihren unerfahrenen Lesern heutzutage ans Herz legen, außer der Anschrift sowie Telefon-, Handy- und Fax-Nummern noch sämtliche E-Mail-Adressen (und am Ende wohl auch noch sexuelle Präferenzen oder das aktuelle Handicap beim Golf) zu vermerken, gilt gleichwohl: Weniger ist mehr. Der Schauspieler Otto Eduard Hasse etwa beließ es bei den Initialen seiner Vornamen – und räumte damit der Fantasie des Kartenempfängers fast jeden erdenklichen Platz ein. Wem das zu minimalistisch erscheint, kann durchaus seinen vollen Namen prägen lassen, zur Not sogar samt Adresse und höchstens einer Telefonnummer. Vornehmer wird eine Visitenkarte durch Detailreichtum und Geschwätzigkeit allerdings nicht, weshalb auch von Titelhuberei Abstand zu nehmen ist. Es sei denn, man wählt sich den einstigen ugandischen Diktator und Analphabeten Idi Amin zum Vorbild, auf dessen Karten immerhin 13 Titel verzeichnet waren.

Zu Zeiten Kaiser Wilhelms II. galt es unter einigen Stahlbaronen als schick, seinen Namen auf ein Stück Blech prägen zu lassen. Welch eine hübsche und originelle Idee! Ob Bauunternehmer ihre Angaben zur Person dementsprechend in Backsteine haben ritzen lassen, ist nicht überliefert – jedenfalls hat sich zum Glück dann doch die Visitenkarte aus Karton durchgesetzt. Ein Betrieb, der wie Bölling in Bad Soden auf feinste Stahlstich-Prägungen spezialisiert ist, verwendet naturgemäß nur edelsten Karton oder handgeschöpftes Büttenpapier von exklusiven Papierherstellern wie Gmund aus dem gleichnamigen Ort am Tegernsee. Gutes Papier kann man übrigens hören, es klingt beim Anschnippen weniger hart als Industrieware. Auch der Tastsinn ist gefordert, denn die Stahlstich-Technik erzeugt jenes erhabene Schriftbild mit dem typischen Gegendruck auf der Rückseite, von dem es heißt, ein Butler müsse es durch die weißen Handschuhe mit dem Daumen gerade noch fühlen können. Klassische Stahlstich-Schriftarten sind »Engraver« (eine Antiqua mit feinen Serifen) oder »Chevalier« mit einer feinen Schraffur innerhalb des Schriftkörpers. Besonders schön lassen sich per Stahlstich aber auch Wappen jeglicher Art auf Karten prägen. Wie für die Schrift (was rund drei Euro je Buchstabe kostet) wird das Motiv zunächst in eine Stahlplatte geätzt und anschließend mit einem Stichel von Hand nachgraviert. Der reine Druck schlägt mit rund einem Euro je Visitenkarte zu Buche.

Wer der langweiligen Uniformität des Scheckkartenformats entgehen will, kann sich seine Visitenkarten natürlich auch in größerer Ausführung anfertigen lassen, beispielsweise neunzig auf fünfzig Millimeter, wie es früher in Deutschland üblich war. Dadurch passen die Karten zwar nicht mehr problemlos in jede Brieftasche, aber genau dort sollten sie auch keinesfalls aufbewahrt werden, weil selbst weniger hochwertige Exemplare durch die ständige Bewegung Schaden nehmen. Ein Etui aus Sterling-Silber ist für eine aufwendig gemachte Visitenkarte schon eher das passende Domizil.

Im Internet:
www.boelling.com

Das Wasser

Als Jesus bei der Hochzeit von Kana Wasser in Wein verwandelte, war das im Prinzip kein schlechtes Geschäftsmodell. Heutzutage könnte man allerdings auch mit dem Gegenteil für Freude und Aufsehen sorgen, zum Beispiel durch die Umwandlung eines Pfälzer Landweins in artesisches Quellwasser der Marke Voss: Jedenfalls kostet ein Liter Voss im Handel etwa vier Euro, und außerdem bekommt man keine Kopfschmerzen davon. So viel Geld für ein bisschen Wasser? Die Voss-Quelle befindet sich eben in Norwegen, wo die Natur schon immer etwas reiner war und die Lebenshaltungskosten schon immer etwas höher lagen als anderswo. Hinzu kommt, dass in der zylindrischen Flasche hinterher ganz prima Spaghetti aufbewahrt werden können.

Womit auch schon die wichtigsten Kriterien für Luxuswasser genannt wären. Nämlich erstens Herkunft, zweitens Flaschendesign und drittens Quell-Art. Zu Punkt eins kann man grundsätzlich feststellen: je exotischer die Heimat, desto besser. In New York und Los Angeles sind seit einiger Zeit die Minibars fast sämtlicher Five-Star-Hotels mit »Fiji Water« von den gleichnamigen Inseln bestückt, nachdem französische Gewässer wie Vittel und Evian etwas aus der Mode gekommen sind. Dass längere Transportwege sogar deutschem Sprudel nutzen, zeigt sich am Beispiel des Amsterdamer Wasser-Shops »Waterwinkel«, wo das gute alte Gerolsteiner gleichsam als flüssige Preziose angeboten wird.

Zum Design: Die Anmutung einer Wodka-, Cognac- oder Burgunderflasche fördert grundsätzlich die Bereitschaft der Kunden, überhöhte Preise für ein bisschen Wasser zu zahlen. Wäre beispielsweise das Voss in einer gewöhnlichen Pfandflasche der »Deutschen Brunnen« abgefüllt, würde man es wahrscheinlich selbst im Berliner »Adlon« nicht wagen, 19 Euro für 0,8 Liter von dem Zeug zu verlangen.

Punkt drei, die Quelle: Der Zusatz »artesisch« gilt inzwischen als ungefähr so veredelnd wie »Grand Cru« beim Wein. Gemeint ist allerdings nichts anderes als ein natürlicher Brunnen, bei dem das Wasser von selbst aufsteigt. In Ermangelung einer artesischen Quelle kann man zur Not auch wie die kanadische Firma »Iceberg Water« arktische Eisberge einschmelzen und dann als »reinstes Wasser der Welt« für zwei Dollar je halben Liter verkaufen.

Feinschmecker lassen sich davon nicht beeindrucken. Sie wählen ihr Wasser vielmehr danach aus, ob es gut zu Speisen und Wein passt, und erfreuen sich wie beim Essen auch an den Spezialitäten der Region. Ganz hervorragende, neutrale Begleiter sind Fachinger, Apollinaris oder ihre italienischen Verwandten San Pellegrino und Acqua Panna.

Auf Bitzel und Blubber verzichten Gourmets lieber, nicht nur weil Kohlensäure den Geschmack verfälscht, sondern weil sie zudem den Magen füllt: Es heißt, mit einer Flasche Sprudel könne man sich zwei Gänge sparen. Andererseits bliebe dann so viel Geld übrig, dass es für ein Gläschen Mineralwasser aus der inneren Mongolei zum Digestif reichte.

Der Weltraum-Trip

Badeurlaub in der Karibik? Langweilig. Auf Sardinien? Zu viele Paparazzi. Sylt? Bloß nicht, sonst sitzt womöglich Johannes B. Kerner im Strandkorb nebenan. Ein Abenteuertrip nach Tibet? Da trifft man am Ende doch nur wieder Studenten aus Deutschland. Eine Kreuzfahrt? Warum nicht gleich ins Altersheim. Tja, so ist das mit der Globalisierung: Je kleiner die Welt wird, desto schwerer fällt die Wahl der Destination. Denn überall waren schon Millionen Touristen vor einem da, und das Essen wird auch von Jahr zu Jahr schlechter. Wer heutzutage wirklich seine Ruhe haben und dennoch eine grandiose Aussicht genießen will, muss schon etwas weiter fahren, genauer gesagt: ins Weltall.

Der Amerikaner Dennis Tito hat bereits im April 2001 als erster Weltraumtourist der Menschheitsgeschichte gezeigt, wohin die Reise in Zukunft geht. An Bord der internationalen Raumstation ISS verbrachte er rund eine Woche 400 Kilometer über der Erde und ließ sich den Spaß zwanzig Millionen Dollar kosten. Und obwohl da oben das Frühstück aus der Tube und das Mittagessen aus der Tüte stammt, behauptete Tito, er komme gerade »aus dem Paradies« zurück, nachdem er mit einer Sojus-Raumkapsel in der kasachischen Steppe aufgeschlagen war. Auch Greg Olsen, nach Tito und dem Südafrikaner Mark

Shuttleworth der dritte Space-Tourist, gab im Oktober 2005 nach seiner Rückkehr zu Protokoll, das Erlebnis sei besser gewesen, als er es sich jemals erträumt habe: »Schwerelos zu sein und mühelos herumzuschweben, das ist einfach unschlagbar.« Nur der Komfort habe ihn eher an Camping in der freien Natur erinnert.

Kein Wunder, dass die Branche bei derart zufriedenen Kunden an einer Ausweitung des Angebots arbeitet. Nach Schätzungen amerikanischer Marktforscher dürften sich in wenigen Jahrzehnten jährlich zehn Milliarden Dollar mit Weltraum-Trips umsetzen lassen. Das Reisebüro »Space Adventures«, wo auch Tito und Shuttleworth ihre außerirdischen Ausflüge gebucht haben, plant bereits Mondumkreisungen in mit Panoramafenstern ausgestatteten Raumschiffen zum Preis von hundert Millionen Dollar pro Person. Die Mehrzahl der künftigen All-Urlauber wird sich jedoch mit Suborbital-Flügen begnügen müssen, bei denen es in einer Geschwindigkeit von bis zu 10.000 Stundenkilometern auf rund hundert Kilometer Höhe an die Grenze der Erdatmosphäre geht. Aber schon dort sieht man über sich das schwarze All, unter sich die gekrümmte Erde mit einem Blickfeld von mehr als 1.600 Kilometer in alle Richtungen und kommt außerdem in den Genuss der Schwerelosigkeit. Das verspricht zumindest Richard Branson, der Gründer der Raumschiff-Fluglinie »Virgin Galactic«. Die siebensitzigen Flieger sind schon im Bau, vom Jahr 2008 an sollen sie nicht von einer Rampe, sondern in 16 Kilometern Höhe vom Rücken eines Mutterschiffs aus gestartet werden. Aber man sollte schnell reservieren, damit beim Ticketpreis von 200.000 Dollar nicht schon wieder Millionen Touristen vor einem im All waren.

Im Internet:
www.spaceadventures.com
www.virgingalactic.com

Der Whisky

Ein flackerndes Kaminfeuer, ein knarzender Ledersessel, und während draußen die Herbststürme um das alte Gemäuer des schottischen Herrensitzes pfeifen, wärmt der Schlossherr seine Seele selbstverständlich mit einem im Tumbler bernsteinfarben funkelnden Highland-Malt: So ungefähr lautet das gängige Whisky-Klischee. Die Wahrheit ist wie immer etwas profaner: Die Oberschicht des britischen Empires trank am liebsten französischen Brandy mit Soda. Erst als die Reblaus Ende des 19. Jahrhunderts praktisch die gesamte Weinproduktion zum Erliegen brachte, jubelten schottische Kaufleute den Whisky hoch. Dafür allerdings gebührt ihnen im Nachhinein respektvolle Anerkennung, denn ohne ihre beherzte Marketing-Kampagne hätte sich aus dem Not-Schnaps wohl nie eine Spirituose entwickelt, von deren kultischer Verehrung die Grappa- oder die Cognacindustrie nur träumen kann. So hat etwa Umberto Angeloni, Inhaber der exklusiven italienischen Schneiderei »Brioni«, dem Getränk ein eigenes Buch gewidmet, während Sammler auf der ganzen Welt Höchstpreise für eine seltene Abfüllung zahlen oder gleich auf ganze Fässer spekulieren.

Das Wichtigste kurz vorab: Nichts gegen die Erzeugnisse irischer, amerikanischer, japanischer und zunehmend auch deutscher oder österreichischer Whisky-Brenner, aber the real thing kommt immer noch aus Schottland. Schottische Single Malts, also unverschnittene Whiskys aus einer bestimmten Destillerie, verfügen einfach über die größte Aromenvielfalt, was zum einen an den natürlichen Gegebenheiten liegt und zum anderen daran, dass der in Schottland übliche Ausbau in gebrauchten Sherry-, Portwein- oder Madeira-Fässern anderswo kaum praktiziert wird. Außerdem bekommt man mit den typisch schottischen Brennblasen ganz andere Geschmacksnuancen hin als in den für die Schnapsherstellung gebräuchlichen Kolonnenbrennern. Wer sich etwas auskennt, kann ziemlich genau herausschmecken, ob ein Whisky aus der Speyside stammt oder aber von einer der westlichen Inseln.

Es gibt zwar extrem teure Single Malts, aber auch unter den weniger kostspieligen Einzelbränden findet sich kaum je schlechte Qualität. Tatsächlich halten viele erprobte Whisky-Trinker gar nicht allzu viel von jahrzehntelang im Fass gereiften Destillaten, weil der Holzton das eher unkomplexe Gerstenaroma irgendwann fast unangenehm zu dominieren beginnt. Die Frage lautet also nicht: »Welcher Whisky ist der beste?«, sondern vielmehr: »Welchen Whisky zu welcher Gelegenheit?«. Ein rauchiger Insel-Brand wie der »Lagavulin« (circa 45 Euro) schmeckt an einem nebligen Novembernachmittag vor dem Kachelofen einfach besser als während eines lauen Sommerabends auf der Veranda, wo man besser zu frischen und leichten Vertretern wie dem »Glenmorangie« (von 30 Euro an) oder dem »Isle of Arran« (von 35 Euro an) greift. Und eine gute Zigarre sehnt sich förmlich nach ausgesprochen süßen Whiskys wie einem »Dalmore« (von circa 35 Euro an) oder dem »Long-morn« (circa 50 Euro).

Das Hohelied auf die Single Malts bedeutet freilich nicht, dass verschnittene (»blended«) Whiskys grundsätzlich minder-wertig sind. Selbst absolute Massenprodukte wie der rote »Johnnie Walker« sind verlässliche Weggefährten, auch wenn sie keinerlei Geheimnisse bergen oder gar für Überraschungen sorgen. Hingegen ist der Premium-»Johnnie« mit dem blauen Label auf der Flasche (rund 120 Euro), eine Mischung aus 16 mindestens zwölf Jahre alten Whiskys, sogar ein ganz großer Wurf.

Der Vollständigkeit halber vielleicht noch Folgendes: Nein, Whisky wird wirklich nicht mit Eis getrunken – es sei denn, man will das Ganze mit Cola aufschütten. Nein, der Tumbler ist nicht das ideale Trinkgefäß für Whisky – besser entfaltet sich das Aroma im »Inao«-Weinverkostungsglas. Und einige der besten Whisky-Händler sind: »Whisky Spirits« in Frankfurt, »Celtic Whisk(e)y« in Nürnberg, in London natürlich »Whisky Exchange« und »Royal Mile Whiskies« in Edinburgh.

Im Internet:
www.whiskyspirits.de
www.celticwhisky.de
www.thewhiskyexchange.com
www.royalmilewhiskies.com

Der Wodka

»Warum trinkt ihr Wodka?«, heißt es in einem beliebten russischen Witz. Die Antwort: »Weil er flüssig ist. Wäre er fest, würden wir ihn essen.« Kaum eine Spirituose steht im Ruf, derart destruktiv auf ein Volk gewirkt zu haben wie das »Wässerchen« auf die Russen. Generationen von Schriftstellern – von Dostojewskij bis Jerofejew – haben sich dem Thema gewidmet, literarisch ebenso wie in Selbstversuchen. Die berüchtigte exzessive russische Trinkkultur hat das Ansehen des Wodkas wahrscheinlich wenig befördert, zumindest galt er im vermeintlich zivilisierteren Westen lange Zeit als nicht satisfaktionsfähig im Vergleich zu Cognac, Whisky oder sogar Grappa. Als Basis für Cocktails ja, aber Wodka pur?

Wie fast alles, was uns umgibt, uns nährt oder geistig beschäftigt, sind auch Spirituosen bestimmten Trends und Moden unterworfen, und der Wodka ist schon seit einiger Zeit wieder obenauf. Natürlich nicht der gewöhnliche Brand, wie er in jedem Supermarkt zu finden ist. Die umworbene Klientel sind vielmehr solvente Prestige-Trinker, denen bis zu zwanzig Euro für ein Gläschen Schnaps in der Bar nicht zu viel sind – solange nur die Gewissheit besteht, etwas Außergewöhnliches dafür zu bekommen. Also hat die Branche in einer Art konzertierten Aktion Luxus-Wodkas kreiert oder wiederentdeckt, die sie meist unter dem etwas albernen Superlativ »Ultra-Premium« vermarktet. Was nichts anderes heißt, als dass die Rohstoffe meist sortenrein sind, der Herstellungsprozess aufwendiger, das Design der Flaschen ausgefallener und vor allem das Endprodukt teurer ist als die Standardware.

Keine Frage, Premium-Wodka ist oft besonders nuancenreich und fein im Geschmack und sollte deshalb pur und bei Zimmertemperatur getrunken werden, um optimalen Genuss zu bieten. »Trotzdem weiß ich, dass 99 Prozent aller Luxus-Wodkas gemixt verkauft werden, als Cocktail oder als Longdrink«, behauptet etwa der legendäre britische Bartender Angus Winchester. Gemischt mit Tonic oder Cranberry, bleiben die Feinheiten der Edel-Wodkas aber verborgen, Winchester spricht deshalb sogar von einem »lächerlichen Trend«. Dem wäre zumindest entgegenzuhalten, dass das Streben nach höchstmöglicher Qualität prinzipiell nichts Lächerliches ist, sondern vielmehr ein Ausdruck unserer Kultur sein sollte. Wenn ein Banause seinen Château Margaux mit Eiswürfeln trinkt, spricht das auch nicht gegen den Wein.

Eigentlich begann die Geschichte der Luxus-Wodkas schon im Jahr 1868, als nämlich Constantin Platonow die Sokolovo-Brennerei gründete, die noch heute existiert und den berühmten »Altai«-Wodka herstellt. Er ist benannt nach dem südsibirischen Altai-Gebirge, wo Platonow das reinste Quellwasser im ganzen russischen Reich gefunden zu haben glaubte – für ihn das entscheidende Argument für die Standortwahl. Deutlich marketingorientierter waren da schon die Gründer jener Destille, die 1993 damit begann, einen besonders guten und vor allem hochpreisigen Wodka herzustellen. Das Resultat nannten sie »Chopin«, es wurde ein erstaunlicher Verkaufserfolg, der naturgemäß die Konkurrenz auf den Plan rief. »Belvedere«-Wodka etwa war bis hin zum Design der Flasche eine geschickte Imitation des »Chopin« und eroberte flugs den amerikanischen Markt. Mit »Grey Goose«, einem französischen Produkt, ging der Siegeszug der Luxus-Wodkas weiter – kein Wunder, das Kreativteam hinter »Grey Goose« hatte zuvor schon den einst so biederen »Jägermeister« als Kultgetränk in Amerika etabliert.

Der wohl prestigeträchtigste Wodka überhaupt ist ein Jahrgangsbrand der russischen Marke »Kauffman«. Der Weizen für die Maische stammt von ausgewählten Parzellen und wird nur aus besonders guten Ernten verwendet – was bei einem Preis von rund 120 Euro je Flasche allerdings auch nicht zu viel verlangt ist. Tatsächlich handelt es sich zumindest beim Jahrgang 2002 um einen sehr milden, ausgewogenen Wodka mit einem prononcierten Weizenaroma, der auch ohne Marketing-Geklingel und künstliche Verknappung auf einige tausend Flaschen zur Weltspitze zählen dürfte. So aber wurde ein Mythos kreiert, weshalb dessen Macher auch geflissentlich verschweigen, dass sich die sagenumwobene Produktionsstätte in Wahrheit auf einem ehemaligen Militärareal in der Nähe von Moskau befindet und von innen genauso profan wirkt wie andere Wodka-Destillen auch. Origineller ist da schon der Gründer dieser Schnapsbrennerei, der 1963 in Moskau geborene Mark A. Kauffman. Wer einmal beobachten konnte, wie sich der stark geschminkte

Entrepreneur im Maybach durch seine Heimatstadt chauffieren lässt, wird Wodka jedenfalls nie wieder als Feuerwasser für raufsüchtige russische Bauern abtun.

Überhaupt muss guter Wodka nicht notwendigerweise aus dem wilden Osten zu uns fließen – eine der aromatischsten und ungewöhnlichsten Spirituosen dieser Art kommt beispielsweise aus der Schweiz: »Xellent Swiss Vodka« (circa 45 Euro). Der dafür verwendete Roggen der Sorten Picasso und Matador wird im Luzerner Hinterland angebaut, in kleinen Parzellen von Bauern der Region, sodass weitgehend auf Spritzmittel verzichtet werden kann. Nach dem Mahlen in der ländlichen Napf-Mühle durchläuft der Roggen erst ein besonders schonendes Destillationsverfahren in kleinen Kupferblasen. Anschließend wird noch zweimal destilliert, mit einem eigens entwickelten Brennverfahren, das einen Alkoholgehalt von 96,6 Prozent erreicht. Und auch das Wasser, mit dem der Wodka reduziert wird, ist ein original Schweizer Produkt: Es stammt aus dem Titlisgletscher.

Im Internet:
www.vodkakauffman.com
www.xellent.ch

Die Zigarette

»Rauchen verursacht tödlichen Lungenkrebs!« »Rauchen macht sehr schnell abhängig!« »Rauchen führt zu Verstopfung der Arterien!« Nein, wer heutzutage noch zur Zigarette greift, kann später wirklich nicht behaupten, man habe ihn nicht gewarnt. Aber mal davon abgesehen, dass einem die übergroßen Warnhinweise wegen ihrer drastischen, geradezu expressiven Sprache das Blut in den ohnehin schon verstopften Adern gefrieren lassen, sind sie insbesondere auf klassisch gestalteten Zigarettenschachteln auch noch ein Angriff auf das ästhetische Empfinden. Wer sich selbst dadurch nicht vom Kauf abhalten lässt, müsste spätestens beim ersten Zug eigentlich sein im Wortsinn blaues Wunder erleben, denn ein großer Genuss ist der Tabakrauch schon lange nicht mehr. Nur fällt das eben kaum jemandem auf, weil man es gar nicht anders kennt. So sie nicht längst ihrem Laster erlegen sind, werden einigen älteren Rauchern vielleicht noch große Namen wie »Khedive« oder »Simon Arzt« etwas sagen, die schon vom Klang her irgendwie an ägyptische Grandhotels oder damaszenische Handelshäuser erinnern – ach, es ist ein Gemurmel aus der guten alten Zeit, als es bei Zigaretten noch um Geschmack und Aroma ging und nicht bloß um Kondensat- und Nikotinwerte. Genau mit dieser angeblich zum Wohle der Volksgesundheit betriebenen Zahlenhuberei nämlich haben die Institutionen der Europäischen Union dem Genießer verdorben, wofür er abschreckende Warnhinweise und prohibitiv hohe Steuern gern in Kauf genommen hätte: die Lust am Rauchen.

Denn nach den seit 2004 geltenden Grenzwerten darf eine Zigarette in der EU nicht mehr als zehn Milligramm Teer und höchstens ein Milligramm Nikotin enthalten. Das ist nichts anderes als das Todesurteil für die Orient-Zigarette, und wenn manche Hersteller wie Dimitrino heute noch so tun, als sei alles wie früher, dann handeln sie schlicht mit Mogelpackungen. Selbst die edle Sobranie »Black Russian« kann trotz goldummanteltem Filter, schwarzem Papier und dem Hoffnung weckenden Preis von 9,75 Euro je zwanzig Stück nicht darüber hinwegtäuschen, dass sich unter dem russischen Doppeladler auf der Schachtel eben doch nur mehr oder weniger gewöhnliche Glimmstängel verbergen, die eher wie amerikanische Massenware schmecken und nicht wie russische Papirossy.

Richtige Orient-Zigaretten hingegen, die gerade deswegen luxuriös zu nennen sind, weil ein übermäßiger Genuss davon zu Schwindelgefühlen und Übelkeit führt, enthalten tatsächlich Orient-Tabake aus der Türkei, aus Mazedonien, Bulgarien, Griechenland oder anderen nah- und fernöstlichen Gegenden, wo der Tabakkonsum traditionell schon allein deswegen nicht mit Tod und Verderben konnotiert ist, weil die landesüblichen Formen der Konfliktbewältigung ein noch viel größeres Gefahrenpotential bergen. Orientalische Tabakpflanzen haben grundsätzlich einen höheren Zuckergehalt als die großblättrigeren Virginia-Tabake, sie schmecken deswegen auch süßlicher und insgesamt aromatischer. Leider schlägt sich das auch im höheren Teergehalt nieder, sodass qua EU-Richtlinie nur noch geringe Beimischungen balkanischer Ware möglich sind, die – wenn überhaupt – allenfalls eine schwache Ahnung von der Süße des Orients vermitteln. Wer darauf nicht völlig verzichten will, deckt sich auf Reisen nach Griechenland (dort legt man allem Anschein nach die europäischen Vorgaben etwas großzügiger aus) mit der Marke »Papastratos« ein.

Während die großen Tabakkonzerne ihr Geschäft also der profanen Nikotinsucht zu verdanken haben, setzen einige Nischenanbieter auf die Sehnsucht solventer Genießer nach qualitätvollem Rauch. Welche dieser beiden Strategien verwerflicher ist, sei einmal dahingestellt, jedenfalls sind die meisten so genannten Superpremium-Zigaretten ungefähr so viel wert wie ein Porsche mit Enten-Motor. Am dreistesten trieb es bis vor einiger Zeit die englische Firma »Chancellor Tobacco«, deren Zwanzigerpackung »Treasurer«-Zigaretten in der gebürsteten Aluminiumbox knapp zwanzig britische Pfund kostete. Irgendwann muss aber selbst dem dümmsten Snob aufgefallen sein, dass die »Treasurer«-Mischung aus kreuz und quer zusammengekauften Tabaken bestand und auch die in China produzierte Verpackung ihr Geld nicht so recht wert war: »Chancellor Tobacco« hat sich unlängst in Rauch aufgelöst.

Eine beliebte Strategie mancher traditionsreicher Hersteller besteht auch darin, sich das beim Zigarrenrollen erworbene Renommee für den Absatz von Feinschnitt-Produkten zunutze zu machen. Beim Anblick einer Schachtel »Cohiba« (5,20 Euro) könnte man zwar denken, es handle sich um Miniaturausgaben der legendären Zigarre, auch enthalten die »Cohiba«-Zigaretten tatsächlich kubanische Tabake. Tatsächlich aber schmeckt das Ganze eher wie eine französische Nachkriegs-Gitanes. Etwas pfleglicher geht da schon das 1930 gegründete New Yorker Zigarrenhaus Nat Sherman (500 Fifth Avenue, Ecke 42. Straße) mit seinem guten Namen um und verkauft seine »Classic«-Zigaretten als »American style blend« aus Tabak, der keine Zusatzstoffe enthält und vorher auch nicht gefriergetrocknet wurde. Beim Preis von etwa 40 Dollar für eine Box mit fünf Packungen sind Sherman-Zigaretten sogar ein erschwingliches Vergnügen für europäische Show-Raucher, die ihren Mitmenschen vor allem Weltläufigkeit und intime Kennerschaft auf dem Gebiet des New Yorker Tabakeinzelhandels signalisieren wollen.

Wer sich lieber die Prominenz aus Rock- und Showbusiness zum Vorbild nehmen will, dem seien die Bio-Zigaretten von »American Spirit« empfohlen. Zumindest konnten wir vor einiger Zeit in einem Londoner Club zufällig beobachten, dass Ron Wood (Rolling Stones), Slash (Guns N' Roses) und Kate Moss das Zeug förmlich in sich hineinfraßen. Nun sind diese drei zwar keine ausgewiesenen Genießer, aber was Suchtstoffe angeht, kann man sich kaum bessere Experten wünschen.

Die Zigarre

»Rauchen Sie weniger, aber besser und länger – machen Sie einen Kult daraus, eine Philosophie!« So lautet das Vermächtnis Zino Davidoffs an die Zigarrenraucher dieser Welt. Und weil dieser fast schon genial zu nennende Tabak-Connaisseur 1994 im Alter von 87 Jahren gestorben ist, kommt auch niemand mehr auf den Gedanken, sich bei ihm danach zu erkundigen, wie man denn gleichzeitig weniger und länger rauchen kann. Aber das ist wahrscheinlich ein philosophisches Problem, womit Zinos zweiter Halbsatz seine vollständige Berechtigung findet. Nun ist ja dies hier kein Ort der Sinnsuche, sondern vielmehr der praktischen Lebenshilfe, weshalb wir kurz darauf eingehen wollen, wie sich der Tag am sinnvollsten in eine einzige Abfolge blauer Stunden verwandeln lässt.

Beginnen wir also mit dem frühen Morgen, wenn die Sinne frisch und munter, der Magen aber noch etwas schläfrig und reizbar ist. Um diese Zeit werden selbstverständlich keine starken Havannas entzündet, sondern kleine, leichte Zigarren wie die »Duke of Devon« von Macanudo Maduro (6,70 Euro), die von ihrem Aroma her einen wunderbaren Ersatz für eine Tasse heißer Schokolade abgibt, perfekt zum Kaffee passt und zudem angenehm genug riecht, um nach dem Frühstück nicht schon die halbe Familie gegen sich aufzubringen.

Auch nach dem Mittagessen üben wir uns noch in Zurückhaltung, ohne dabei auf Tabakgenuss zu verzichten: Die »Gol« (6,75 Euro), eine Brazilia-Zigarre von CAO, ist mit ihren knapp 13 Zentimetern, einer fruchtig-herben Süße und sehr mildem Aroma die perfekte Einstimmung auf die zweite Tageshälfte. Zum Nachmittagstee kann es dann langsam, aber ohne Übertreibung etwas kräftiger werden. Die Davidoff »Entreacto« (7,20 Euro) ist wie alles aus diesem Hause hervorragend gerollt, von angenehmer Würze, relativ komplexem Aroma und hat mit neun Zentimetern genau das richtige Format für einen halbstündigen Zwischenakt. Abendstund' hat Gold im Mund, und so begrüßen wir die Dämmerung mit einer »Medaille d'Or Nr. 4« von La Gloria Cubana (etwa 6 Euro), die zum Apéritif schon mal Appetit macht auf das kubanische Highlight des Tages: die Cohiba »Siglo VI« (23,60 Euro) nach dem Abendessen. Wahrlich keine Zigarre für Windelträger, gehört dieses 15-Zentimeter-Prachtstück zum Besten, was die Insel jemals hervorgebracht hat: stark, erdig, cremig, sehr komplex, voller Harmonie und nur während der ersten Züge von einer beinahe verstörenden Intensität. Je länger sie reift, desto feiner, milder und ausgewogener wird ihr Geschmack; ein gutes halbes Jahr im Humidor kann dieser Cohiba nicht schaden.

Apropos Humidor: Wer seine Zigarren wirklich liebt, der verstaut sie nicht einfach in einer gewöhnlichen Zedernholzkiste mit Feuchtigkeitsregler, sondern in einem antiken Safe aus den Werkstätten der Sindelfinger Spezialfirma Döttling. Dort werden historische Stahlschränke unter enormem Aufwand restauriert und mit computergesteuerter Klimatechnik ausgerüstet, damit die Schätzchen aus Tabak sich nicht nur sicher, sondern auch rundum wohlfühlen können. Zwischen 30.000 und 70.000 Euro kostet solch ein nostalgisch anmutender High-Tech-Humidor, der als Kultstätte mit Sicherheit auch den Segen von Zino Davidoff gefunden hätte.

Im Internet:
www.cigarworld.de
www.doettling-safes.com